ÉBLOUIE PAR DIEU

Madeleine Delbrêl

ÉBLOUIE
PAR DIEU

Œuvres complètes, tome I

Correspondance
volume 1
1910-1941

nouvelle cité

Composition : Jean-Marie Wallet
Couverture : Jean-Pierre Pitrel

Illustration de couverture :
p.1, Madeleine Delbrêl, à genoux dans l'herbe, porte son béret de
cheftaine de louveteaux (1928-1930)

© Photos et dessins : Responsable des Équipes Madeleine Delbrêl et
Archives familiales ; travaux techniques sur les documents : Jacques
Faujour.

© Nouvelle Cité 2004
37, avenue de la Marne – 92120 Montrouge

ISBN 2-85313-457-1

AVANT-PROPOS

Madeleine Delbrêl a publié quelques livres durant sa vie dont : un petit recueil de poèmes, intitulé *La Route* [1], en 1926, pour lequel elle obtint le prix Sully Prud-homme de l'Académie française ; et surtout, en 1957, un livre qui lui coûta beaucoup d'énergie et d'heures de travail de jour comme de nuit : *Ville marxiste, terre de mission* [2]. Elle ne l'aurait pas écrit d'elle-même. Des prêtres amis l'y invitèrent ; Mgr Veuillot (qu'à Rome elle rencontrait à titre personnel lorsqu'il était en poste à la Curie romaine) l'encouragea vivement et la guida dans la rédaction. Lui-même pensait que ce livre serait utile alors que les débats autour de la crise des prêtres-ouvriers et des relations avec le marxisme gardaient encore toute leur actualité. Il le fut en effet. Madeleine y parlait d'expérience et son témoignage ouvrait un chemin de lumière pour ceux qui étaient confrontés comme elle à l'athéisme.

Mais se plier aux contraintes de l'écriture d'un ouvrage lui était difficile. Elle manquait de temps, elle était continuellement sollicitée. Sa vie s'accordait mieux au style de la conférence, de l'exposé dense et percutant. Elle écrivit aussi beaucoup d'articles publiés dans de nombreuses revues. Elle rédigea un nombre considérable de notes, pour elle-même, pour des prêtres, des évêques, les membres des Équipes. Mais elle aimait aussi écrire des méditations poétiques dans lesquelles elle mettait le meilleur de sa contemplation de l'Évangile et de son expérience quotidienne à Ivry. Sans parler évidemment d'une correspondance très abondante.

Cette multiplicité de textes rend délicate une publication des Œuvres complètes. Certains des textes majeurs ont déjà été publiés dans *Nous autres gens des rues* [3] (1966), *La Joie de croire* [4] (1968), *Communautés selon l'Évangile* [5] (1973). Ce sont essentiellement ces trois volumes, et particulièrement les deux premiers, qui firent connaître la pensée de Madeleine. À quoi il faut ajouter le recueil de pensées intitulé *Alcide* [6], écrit sous le mode des apophtegmes des Pères du désert, dont le personnage plein d'humour reflète tout un aspect de la personnalité de Madeleine.

Déjà dans les premiers volumes, des choix avaient été faits pour livrer aux lecteurs les textes les plus accessibles et les plus essentiels, regroupés souvent par thèmes. Mais parfois, on n'avait pas publié les textes dans leur intégralité ; c'était le cas, par exemple, pour « Missionnaires sans bateaux », ce qui fut réparé par l'édition complète du texte avec la note aux Pères

Perrot et Augros de 1953 [7]. La publication d'*Indivisible Amour* [8] avait aussi mis à la disposition des lecteurs des textes courts, très bien choisis mais souvent isolés de leur contexte, réunis dans plusieurs chapitres sous différents thèmes.

Il devenait difficile de poursuivre ce procédé, certes intéressant pour faire connaître sous une forme brève et facilement accessible la pensée de Madeleine, mais qui échappait de plus en plus au minimum de règles scientifiques ; les textes en effet se dispersaient, n'étaient pas complets ni situés dans leur contexte. Il fallait aussi donner aux futurs chercheurs la possibilité d'accéder aisément à l'ensemble des textes. Malgré sa difficulté que ne faisaient que pressentir ceux qui travaillaient sur les archives, la publication de l'intégralité de l'œuvre de Madeleine s'imposait. C'est cette publication qui commence aujourd'hui par ce premier volume de la Correspondance.

Quels choix avons-nous effectués ? Des « corpus » étaient totalement inédits : les Poèmes, la Correspondance, ses notes aux Équipes et les écrits de Madeleine dans ses fonctions aux services sociaux de la Mairie d'Ivry. Nous avons choisi de commencer cette édition par la Correspondance. En effet celle-ci donne une connaissance irremplaçable de la vie et de la pensée de Madeleine. Elle permet de projeter sur les écrits déjà connus un regard précis et documenté en les resituant dans leur contexte. Nous n'avons pas hésité à la publier avant les Poèmes, pourtant antérieurs pour la plupart, parce qu'une Correspondance est plus facile d'accès et aussi parce que, dans le volume d'études publié à l'occasion du centenaire de la naissance de Madeleine, les auteurs y ont beaucoup recouru [9].

Nous ne savons pas encore exactement combien de volumes seront nécessaires pour la publication de la Correspondance. Celle-ci occupe plus de 2 000 pages dactylographiées. Naturellement, nous n'envisageons pas de publier d'abord la Correspondance en son entier. Son édition sera entrecoupée par d'autres pans de ses écrits.

Il faudra aussi reprendre les grands textes que nous connaissons déjà, en les livrant dans leur intégralité. Parfois, un genre littéraire bien déterminé permettra d'en regrouper certains ; ce sera le cas pour les « Méditations poétiques ». Mais pour la plupart, conférences, notes, articles, ce sera l'ordre chronologique qui conviendra le mieux, parce qu'il permet de percevoir l'évolution de la pensée de Madeleine

Tels sont les choix auxquels s'est arrêtée l'équipe qui travaille à cette publication.

Dans ce volume, nous avons publié la « Correspondance » des années 1910 à 1941. Mais nous avons voulu donner au lecteur, avant les lettres, deux textes majeurs, l'un connu, l'autre inconnu. Le premier s'intitule : « *Dieu est mort… vive la mort* » ; ce texte célèbre avait été placé en tête de l'édition de *Nous autres gens des rues*. Le second texte est le testament spirituel de Madeleine adressé aux membres des Équipes, et daté du 7 janvier 1958. Il nous a semblé que ces deux textes, brefs mais d'une très grande densité, pouvaient servir de portique à l'ensemble de l'œuvre.

Quant aux destinataires des lettres, ils sont divers. Cependant deux noms émergent dans la période que couvre ce premier volume ; ceux de deux amies de Madeleine : Louise Salonne et Madeleine Tissot. La correspondance avec Louise Salonne s'étale entre 1926 et 1939. À partir des années 1940, l'éventail des correspondants s'élargit beaucoup.

Nous espérons que cette publication qui se poursuivra durant plusieurs années, ouvrira, à ceux qui ne connaissent pas encore Madeleine Delbrêl comme à ceux qui sont déjà familiers de sa pensée, des perspectives nouvelles, en particulier dans le domaine de la vie spirituelle. Madeleine a su allier dans toute sa vie une activité inlassable avec une présence à Dieu profondément contemplative. Notre but principal est de permettre au plus grand nombre de personnes d'accéder à son secret, qu'elle livrera volontiers malgré son extrême pudeur à parler d'elle-même.

Bien sûr, cette publication n'est rendue possible que grâce à la collaboration soutenue de personnes familières de Madeleine Delbrêl et désireuses de la faire connaître. Nous remercions tous ceux qui ont accepté de passer du temps pour cela : les membres des Équipes, en particulier Suzanne Perrin, Francette Rodary et Guitemie Galmiche, trop tôt disparue et dont l'extraordinaire connaissance de Madeleine nous a beaucoup manqué ces derniers mois ; le père Jean Guéguen, oblat de Marie-Immaculée, qui a bien connu Madeleine, avait déjà dactylographié ou fait dactylographier la « Correspondance » ; la famille de Madeleine (famille Mocquet-Junière) a complété nos connaissances sur son enfance et sur son entourage ; Sœur Colette Moron, dominicaine, a assuré la saisie d'après les manuscrits ; Agnès Spycket, outre l'élaboration de la chronologie, a participé au petit groupe où se sont prises les orientations ; l'Association des Amis de Madeleine Delbrêl apporte un soutien logistique et financier déterminant. Enfin nous remercions de façon très particulière les Éditions Nouvelle Cité ; les conseils de leur directeur Henri-Louis Roche nous ont été très précieux.

L'auteur du livre est à l'évidence Madeleine.

Gilles François, prêtre du diocèse de Créteil, Cécile Moncontié, Bernard Pitaud, prêtre de Saint-Sulpice, sont les coresponsables de cette édition. G. François et B. Pitaud ont rédigé les chapeaux en tête des lettres ; C. Moncontié a préparé, revu tous les textes et mis en place l'index.

Notes

[1] Madeleine DELBRÊL, *La Route*, prix Sully Prudhomme 1926, Librairie Alphonse Lemerre, Paris 1927.

[2] ID., *Ville marxiste, terre de mission*, Cerf, collection Rencontres n° 50, Paris 1957.

[3] ID., *Nous autres gens des rues*, introduction de Jacques Loew, postface de Louis Augros, Seuil, Paris 1966, nouvelle édition in coll. Livre de Vie n° 107, 1995.

[4] ID., *La Joie de croire*, préface de Jean Guéguen, avant-propos de Guy Lafon, Seuil, Paris 1968, nouvelle édition in coll. Livre de Vie n° 141, 1995.

[5] ID., *Communautés selon l'Évangile*, avant-propos de Guy Lafon, Seuil, Paris 1973.

[6] ID., *Alcide : guide simple pour simples chrétiens*, Seuil, coll. Livre de vie n° 133, Paris 1995. Ce texte fut d'abord publié dans *La Joie de croire,* puis réédité séparément dans cette collection.

[7] ID., *Missionnaires sans bateau : les racines de la mission*, préface de Mgr Claude Dagens, Parole et Silence, Saint-Maur 2000.

[8] ID., *Indivisible Amour*, préface de Jacques Sommet, Centurion, Paris 1991.

[9] Gilles FRANÇOIS, Bernard PITAUD, Agnès SPYCKET, *Madeleine Delbrêl connue et inconnue (Livre du centenaire),* Nouvelle Cité 2004.

AVERTISSEMENT

Nous présentons ici la formation du corpus de la correspondance puis les informations sur sa matérialité.

Comment s'est constituée la collection actuelle des lettres, figurant dans les archives, éditées ici ?

Les lettres d'enfant ont été gardées par sa mère. Les lettres envoyées à son père aveugle lui étaient lues par Eva Loncan qui s'est occupée de lui jusqu'à sa mort; elle les a sans doute regroupées. À la fin de la période qui concerne le volume 1 de la correspondance, Madeleine commence à dactylographier elle-même certaines lettres dont elle garde un double sur papier pelure. Après la mort de ses parents (juin puis septembre 1955), Madeleine a trié, jeté mais elle était aidée par Christine de Boismarmin, Hélène Spitzer, Jean Durand qui ont sauvé de la destruction ce qu'ils ont pu.

À la mort de Madeleine, les lettres aux mains des équipières et des amis très proches ont été regroupées. Des brouillons ont été retrouvés dans les papiers de

Madeleine. Le P. Jean Guéguen a regroupé les lettres reçues à Rome puis à Lyon ; en 1979, il les a dactylographiées pour lui, renvoyant les originaux à Christine de Boismarmin. En 1982, tous deux décident de faire une frappe par ordre chronologique pour parer au danger hypothétique d'un vol ou d'un incendie rue Raspail. D'autres ensembles de lettres ont été prêtés et quelquefois donnés ultérieurement au fonds constitué par Christine. Vers 1986 démarrera la seconde frappe aboutissant aux fascicules bruns (qui contiennent la correspondance, les notes, les articles déjà publiés et des schémas de conférences). S'y ajoutent des lettres dont les copies dactylographiées parviennent rue Raspail par les soins d'archivistes gérant les archives du mouvement des scouts de France ou celles du Centre national des archives de l'Église de France ou d'autres encore.

Il s'est sûrement perdu de nombreuses lettres.

Mais rien n'empêche de penser qu'il en existe encore, connues seulement de leur destinataire, enfouies dans des papiers familiaux ou éparpillées dans les archives de divers organismes avec lesquels Madeleine est entrée en relation.

Pour faciliter la compréhension du contenu des lettres, nous avons présenté en tête de ces lettres des chapeaux qui apportent les informations nécessaires à leur lecture. Quelques notes techniques, renvoyées en fin de volume, fournissent des informations complémentaires (cf. pp. 325-326).

On a regroupé ci-dessous des informations sur les manuscrits autographes de Madeleine, leur matérialité, puis sur les copies qui complètent la collection des lettres quand les autographes font défaut. On indique aussi comment nous avons pu les reproduire dans ce volume.

Madeleine écrit sur du papier blanc uni, plutôt de petit format (du genre 14 x 18 cm) qu'elle glisse, plié en deux, dans une enveloppe (14 x 9 cm). À partir de 1928, ce papier est remplacé souvent par du papier à petits carreaux ou ligné (enlevé à des blocs). Le papier de couleur est très rarement employé. Elle utilise de l'encre noire ou bleu noir, rarement un crayon à papier. Elle envoie aussi quelques cartes postales.

À partir de son arrivée à Ivry en octobre 1933, elle utilise de temps à autre des feuilles portant un en-tête imprimé. Les indications en sont retranscrites, ce sont celles du Centre d'action sociale du Plateau d'Ivry. Par ailleurs, Madeleine n'indique le lieu d'où elle écrit que s'il est inhabituel : une ville de passage, un bateau de croisière. Paris ou Ivry n'y figure jamais sauf dans l'adresse complète donnée en fin de lettre à des correspondants occasionnels.

Elle mentionne la date au milieu ou à droite, le plus souvent en haut de la feuille, quelquefois en fin de lettre. Ces indications sont rarement complètes, parfois elle utilise un repérage d'après le calendrier liturgique, par exemple : « premières vêpres du Christ-Roi ». Les cachets postaux, au dos de pneumatiques ou sur des enveloppes, ont permis de compléter.

Placée à gauche, très près du bord du papier, la formule d'appel comporte fréquemment un mot affectueux, Madeleine y change assez souvent le féminin en masculin, ainsi « mon petit Louis » désigne en fait Louise Brunot. La présente édition porte en titre de chaque lettre la date et le nom réel du correspondant mais en dessous on trouvera la transcription du manuscrit conforme à ce qu'a écrit Madeleine elle-même.

Le papier de Madeleine est souvent trop étroit pour permettre de longues lignes d'écriture. L'édition a tenu compte des paragraphes originaux. L'espace entre la date et la formule d'appel est très grand, l'édition n'a pu en tenir compte.

Quant aux types de graphie, cette longue période 1910-1941, qui va de l'enfant à la femme adulte, nous en montre trois. Pleins et déliés d'une part, écriture penchée d'autre part ne concernent que les deux lettres d'enfance. Sur les lettres de 1921-1922, l'écriture devient très grande et anguleuse (c'est celle qu'on retrouvera dans les cahiers de poèmes), tantôt penchée tantôt droite. Ensuite l'écriture est très petite, toujours droite, le trait est d'épaisseur constante (qui correspondrait à un stylo à plume), ce trait se prolonge à la suite de la dernière lettre du mot et pourrait faire croire à un tiret placé sur la ligne d'écriture, les espaces entre les lignes sont réduits. Les périodes de très mauvaise santé apparaissent bien dans une écriture qui se déforme ou dans l'utilisation du crayon à papier.

La ponctuation a posé des problèmes pour l'édition.

Elle est très libre et parfois assez difficile à déchiffrer : à la lecture on hésite entre point et tiret, virgule et point. Dans l'ensemble la ponctuation est assez réduite.

Sur les lettres, on ne trouve aucun dessin, quelques-uns seulement sur des brouillons que Madeleine a conservés pour elle-même. Mais on trouve souvent un signe plus (il correspond au signe de croix que les personnes religieuses mettent en tête de feuille systématiquement à la même époque), en tête de lettre, au milieu de la ligne de la date, quelquefois en fin de lettre ; mais dans le texte, Madeleine lui donne quelquefois d'autres significations ; ceci n'apparaît qu'à partir de 1930 et disparaît en 1936 ; ce signe prend la suite de très petites croix potencées (scoutes), de la même taille que cette croix simple, qui ne figurent qu'en 1929 et 1931.

Pour ce qui est des signatures, seules les deux lettres d'enfance montrent un paraphe un peu complexe sous le nom. Les autres en sont à peu près toutes dépourvues sauf un petit trait horizontal proche du soulignement qui disparaît en 1928.

Madeleine accorde assez peu d'importance à l'orthographe. Elle semble ne pas se relire, on trouve très peu de corrections et peu de ratures (celles-ci n'ont pas été reproduites).

Pour cette édition, l'orthographe (qui touche surtout les accents) a été rétablie, des abréviations du type « ms » pour mais, « ds » pour dans ont été supprimées pour rétablir le mot entier et faciliter la lecture.

Les soulignements (rares) sont transcrits en caractères italiques gras.

Par ailleurs, dans une copie sur support informatique à la disposition des chercheurs, l'orthographe et la ponctuation originales ont été scrupuleusement respectées.

CHRONOLOGIE ABRÉGÉE DE LA VIE DE MADELEINE DELBRÊL

par Agnès Spycket

1904 (24 oct.)   Naissance à Mussidan (Dordogne) de Madeleine Delbrêl, fille de Jules et de Lucile, née Junière. Jules, entré aux chemins de fer Paris-Orléans, sera successivement en poste à Lorient, à Nantes et à Bordeaux; chef de gare à Châteauroux (1911), puis à Montluçon (1913-1916).

1915   Première communion de Madeleine, à Montluçon. Santé fragile qui nécessite des leçons particulières. Toute sa vie, elle souffrira d'une mauvaise santé qu'elle négligera trop souvent.

1916   Jules Delbrêl est nommé chef de gare à Paris-Denfert en septembre. La famille s'installe 3 place Denfert-Rochereau, Paris XIVᵉ. Madeleine (12 ans) étudie le piano et écrit des poèmes depuis 1914.

1920-1921	Études littéraires et de philosophie à la Sorbonne. Études de dessin et de peinture en atelier rue de la Grande-Chaumière. Madeleine se définit « strictement athée ».
1922-1923	Rencontre de Jean Maydieu pour lequel elle a une forte inclination, mais qui entrera chez les dominicains en 1925. Elle écrit *Dieu est mort… vive la mort* (voir plus loin les trois versions de ce texte, pp. 29-42.
1924	« Conversion violente ». Son père devient aveugle et doit cesser son activité. La famille s'installe 78 place Saint-Jacques, Paris XIVᵉ, près de l'église Saint-Dominique. Dépression d'une année, soignée dans une maison de santé de la vallée de Chevreuse.
1926	Ses poèmes reçoivent le prix Sully Prudhomme de l'Académie française. « *Épuisement complet* » (cf. lettre de l'automne 1926 à Louise Salonne).
1927	Elle édite ses poèmes en un volume, *La Route.* Elle rencontre l'abbé Lorenzo, aumônier scout, qui lui propose d'être cheftaine de louveteaux. Elle renonce au Carmel pour raisons fami-

liales et décide de travailler pour Dieu dans le monde.

1928-1929   Mise au repos pour trois mois dans une maison de soins à Chevreuse. Problèmes de santé de sa famille et d'elle-même jusqu'au début 1930.

1931   Entrée à l'École d'infirmières des Peupliers.

1932   Élaboration du directoire de la « Charité de Jésus » (cf. lettre du 21 décembre 1936 à une demoiselle inconnue et lettre du 19 janvier 1939 à Louise Salonne).
                 Diplôme simple de l'École des Peupliers. Entrée à l'École pratique de service social, boulevard du Montparnasse.

1933 (sept.)   Premier voyage à Rome, où est décidée l'installation de la première équipe à Ivry. Madeleine souffre beaucoup de l'estomac.
(oct.)   Engagement dans la « Charité de Jésus » avec Suzanne Lacloche et Hélène Manuel à Saint-Jean-Baptiste d'Ivry pour vivre l'Évangile et au service de la paroisse. Installation dans l'enceinte paroissiale, 207 route de Choisy.

1934   L'abbé Lorenzo est nommé curé d'Ivry.
                 Premier examen de l'École pratique de service social, mention Très Bien.

Colonie de vacances. Santé déplorable.

1935 (avril)   Installation 11 rue Raspail à Ivry.

1936   Après des années de mésentente, les époux
                Delbrêl se séparent. Jules s'installe à Mus-
                sidan et Mme Delbrêl à Paris. Madeleine
                continue à veiller sur eux.
                Deuxième examen de l'École pratique de
                service social, mention Très Bien.

1937   Brevet de capacité professionnelle d'assistante
                de service social. Sa thèse, *Ampleur et dépen-
                dance du service social,* est publiée chez Bloud
                et Gay.

1938-1939   Causeries à des publics divers.

1939 (sept.)   Madeleine est nommée assistante sociale à la
                mairie d'Ivry.

1940   La municipalité communiste est destituée.
                Madeleine est nommée Déléguée technique
                chargée de la coordination des services sociaux
                à Ivry, mais le « petit personnel » communiste
                étant resté en place, elle travaille avec eux et
                aide les familles de ceux qui sont inquiétés.

1941   Entrée au Service Social de la région pari-

	sienne (jusqu'au 1ᵉʳ octobre 1945). Embauche au Secours National.
(été)	Madeleine accompagne sa mère à Lisieux où elle rencontre le P. Augros, supérieur du séminaire de la Mission de France qui vient d'être fondée.
1942	Participation à des colloques à Lisieux, au séminaire de la Mission de France, mais refus d'y implanter une Équipe.
1943	Année importante pour les orientations de la « Charité ». L'Équipe comprend Christine de Boismarmin, Louise Brunot, Germaine Gérôme, Marie-Aimée Jouvenet, Raymonde Kanel, Suzanne Lacloche, Hélène Manuel, Paulette Penchenier, Suzanne Perrin, Andrée Saussac, Marthe Sauvageot, Andrée Voillot. Installation à Cerisiers (Yonne) de Marthe Sauvageot et Suzanne Lacloche et à Vernon (Eure) de Christine, Paulette et Suzanne Perrin jusqu'à la Libération en 1945.
1944	La mairie d'Ivry est reprise par les communistes. Madeleine travaille avec des « grands types du Parti » et ressent la tentation du marxisme, latente depuis son installation à Ivry.

1945	Début de collaboration avec Venise Gosnat, adjoint au maire d'Ivry.
1945-1946	Nombreuses méditations poétiques.
1946 (1er oct.)	Madeleine démissionne du service social de la mairie pour raison de santé et pour s'occuper davantage des Équipes.
1947-1950	Intense activité des Équipes : en 1949, Hélène Manuel, Monique Joubert et Suzanne Perrin partent pour Herserange, dans le bassin minier de Longwy.
1950	Rencontre de Jean Durand, en demi-retraite de son poste de professeur à l'École Centrale, qui aidera Madeleine sur tous les plans et en particulier dans ses difficultés familiales.
1951 (août)	Libération, par le Président Vincent Auriol, de Miquel Grant, ancien FTP, injustement empri-sonné, défendu par Madeleine depuis 1949 et pour lequel elle avait demandé une audience au Président de la République en juillet.
1952	Deuxième pèlerinage à Rome, d'une journée de prière à Saint-Pierre pour l'unité de l'Église. Madeleine fait connaissance du P. Guéguen.

(déc.)	Lettre de Mgr Feltin au sujet de la « Charité de Jésus », demandant à voir Madeleine à son retour de Rome.
1953 (jan.)	Rédaction d'un placet pour les Rosenberg, porté par un avocat à Rome (ils seront exécutés le 20 juin).
(été)	Troisième pèlerinage à Rome lors de la crise des prêtres-ouvriers. Plusieurs rencontres avec Mgr Veuillot (en poste à la Curie romaine). Audience semi-privée de Pie XII à Castel Gandolfo.
(automne)	Notes et lettres à propos de la Mission de France et de l'expérience des prêtres-ouvriers dont l'arrêt a été décrété par Rome.
1954 (juin)	Première conférence à des curés de Paris sur le marxisme, sous l'autorité du cardinal Feltin, de Mgr Veuillot et de Mgr Lallier (dont Madeleine avait fait la connaissance par le scoutisme).
(oct.)	Quatrième pèlerinage à Rome, rappelée auprès de sa mère au bout de deux jours.
1955	Grande activité de réflexion sur le marxisme, exposés et Mémoire. Audience auprès du cardinal Feltin qui l'encourage à continuer.
(3 juin)	Mort de sa mère.
(été)	Cinquième pèlerinage à Rome. Mgr Veuillot

| | communique le « Mémoire sur le marxisme » au P. Philippe o.p. |
| (18 sept.) | Mort de son père. Très mauvais état de santé de Madeleine. |

| 1956 | Madeleine met en forme ses notes sur le marxisme pour en faire un livre, tout en faisant des exposés en province. Sa santé est toujours aussi mauvaise. Son mémoire, approuvé par le cardinal Feltin, est emporté à Rome par le P. Guéguen. |
| (oct.-nov.) | Sixième pèlerinage à Rome. Mgr Veuillot et le P. Philippe donnent leur accord pour la publication. |

| 1957 (février) | Septième pèlerinage à Rome pour discuter de la 4e partie du livre avec Mgr Veuillot. Révision sans trêve des quatre parties et des annexes, jusqu'en mars. Le livre s'appellera *Ville marxiste, terre de mission*. Les premiers exemplaires d'auteur sont envoyés en septembre. |

| 1958 | Mort du P. Lorenzo. Huitième pèlerinage à Rome. Audience générale de Pie XII. Élaboration de la charte de la « Charité de Jésus », par Mgr Veuillot, et décision de renoncer au rattachement à un institut séculier, envisagé depuis deux ans. |

(été)	Neuvième pèlerinage à Rome. Première pensée pour l'Afrique noire.
1959	Dixième pèlerinage à Rome. Mgr Veuillot est nommé évêque d'Angers.
1960 (mars)	Madeleine refuse de s'associer à l'accueil de Khrouchtchev à la Mairie d'Ivry.
1960-1961	Conférences sur le marxisme dans divers milieux.
1961 (nov.)	Départ pour Abidjan de Suzanne Perrin et Guitemie Galmiche. Voyage en Pologne.
1962	Madeleine est sollicitée pour un travail sur les athéismes contemporains par un ancien évêque de Tananarive, en vue du Concile. Le P. Loew accepte de décharger en partie Mgr Veuillot, nommé en 1961 archevêque-coadjuteur du cardinal Feltin, pour s'occuper de l'Équipe.
1963-1964	Écrits et conférences sur l'athéisme.
1964 (13 oct.)	Mort subite de Madeleine.
1988	Mgr Frétellière, évêque de Créteil, décide

l'ouverture du procès de béatification de Madeleine Delbrêl.

1996   Le procès est reconnu valide par Rome. Madeleine Delbrêl est déclarée « Servante de Dieu ».

DIEU EST MORT… VIVE LA MORT

Le lecteur trouvera ici trois versions du texte célèbre « *Dieu est mort… vive la mort* ». *La version qui a été publiée en exergue de* Nous autres gens des rues *date en fait de l'été 1960. Nous publions d'abord la version originale que Madeleine écrivit à 17 ans, en 1922 (version A), puis une autre portant des corrections manuscrites (version B), très légèrement antérieure à la version C.*

Cette version C est entièrement dactylographiée de la même époque que la version B; elle a été très légèrement « *aménagée* » *pour les éditions de 1966 et 1995.*

Pourquoi ce besoin de réécrire à plusieurs reprises un texte dont elle n'envisageait pas la publication? On a retrouvé le texte final entièrement dactylographié (version C) dans les archives en compagnie d'un article du journal Le Monde *(juin 1960), publiant la dissertation pour le* « *Concours Général* » *d'une élève de Terminale; le sujet était ainsi libellé :* « *La destinée d'un homme est-elle commandée par son caractère?* » *Il semble que Madeleine ait éprouvé une affinité particulière avec les jeunes aux prises avec les*

29

questions fondamentales du sens de la vie. C'est pourquoi elle aurait repris son « Dieu est mort... vive la mort », pour en adapter le langage.

Version A

Dieu est mort... vive la mort.

On a dit : « Dieu est mort. »
Puisque c'est vrai, il faut avoir le courage de ne plus vivre comme s'il vivait.

On a réglé la question pour lui ; il faut la régler pour nous.

Tant que Dieu vivait, la mort n'était pas une mort pour de bon.

La mort de Dieu a rendu la nôtre plus sûre.

La mort est devenue la chose la plus sûre.

Il faut le savoir. Il ne faut pas vivre comme des gens pour qui la vie est la grande chose.

Non, nous avons notre petite vie, notre toute petite vie, les uns avec le malheur qui tient toute la place, les autres avec le bonheur qui tient un peu ou beaucoup de place ; mais, ça ne peut jamais être un grand malheur ou un grand bonheur du moment qu'il tient dans notre toute petite vie.

Le malheur grand, important, raisonnable : c'est la mort.

Les révolutionnaires sont intéressants, mais ils ont mal compris la question.

Ils peuvent bien emménager le monde au mieux : nous, il faudra toujours qu'on en déménage.

Les savants sont des gens méritants, mais ils sont un peu enfants.

Ils croient toujours tuer la mort : ils tuent des manières de mourir. La mort, elle, se porte bien.

Les « hommes de bien » m'étonnent par leur assurance. Ils n'ont pas le sens du relatif.

Ils croient travailler au bonheur des autres. C'est tout au moins discutable. Un poète faisait dire à la mort :

« Mais je suis pour vous tous, gueux de tous les pays

La bonne dame blanche... »

C'est le jeu de balançoire : plus c'est bon de vivre, plus c'est dur de mourir.

La preuve, des gens se tuent tout seuls, quand on a tué leur raison de vivre.

Les pacifistes ont du charme, mais ils sont faibles en calcul.

Tous les rescapés de 1918, seront en 1998 rangés dans leurs cimetières personnels. Même si on muselle la guerre, sur 100 hommes, il continuera à en mourir 100, c'est-à-dire 100 %.

Ceux qui ont à faire le plus fort redressement intellectuel, c'est les amoureux.

« Je t'aime pour toujours… »

Il faut qu'ils réalisent qu'ils seront infidèles par force. Leur infidélité approche chaque jour d'un jour.

Sans compter la vieillesse, cette mort à tempérament.

Moi, je ne veux pas rester près d'un homme que j'aimerai, qui verra tomber mes dents, mon menton pendre et mon corps tourner à l'outre ou à la figue sèche.

Si j'aime, ce sera de temps en temps, comme en sursis, à la sauvette.

Et les Mères, les pauvres, elles n'arriveront jamais à comprendre.

« Mon petit, je voudrais tant qu'il soit heureux. » On ne pourra jamais les empêcher d'inventer le bonheur pour pouvoir le donner à leurs gosses.

Il y a bien celles qui ne veulent pas faire « de la chair à canon ». Mais allez leur faire comprendre qu'elles ne pourront faire que de la chair à mourir.

Moi, je n'en veux pas des enfants. C'est assez que je suive tous les jours d'avance l'enterrement de mes parents…

Les plus logiques sont peut-être les maçons, les menuisiers, les photographes, les artistes. Ils font des choses qui durent, ils font durer quelque chose des gens.

Les rois sont morts depuis longtemps et leurs fauteuils tiennent bon dans les musées. Les monuments ont la vie dure.

C'est une façon d'exister encore un peu que d'avoir sa photo quelque part. C'est quand même grâce à son peintre que la Joconde a encore sa tête.

On méprise ceux qui s'amusent.

Je m'amuse. J'aime danser à ne plus savoir où j'en suis, j'aime rouler dans une auto qui va très vite, j'aime les jolies robes, les bijoux, les orchestres où on ne s'entend pas parler. Des choses que je pourrai quitter sans que ce soit un drame.

Moi, ce sont les gens sérieux que je méprise, ceux qui souhaitent chaque 1er janvier et chaque anniversaire de leur vie sérieuse sans avouer qu'ils saluent la mort chaque fois d'un peu plus près.

Ah, non, elle n'est pas liquidée la succession de Dieu. Il a laissé partout des hypothèques d'éternité, de puissance, d'âme…

Et qui a hérité?.. C'est la mort.

Il durait : il n'y a plus qu'elle qui dure ; il pouvait tout : elle vient à bout de tout et de tous. Il était esprit. Je ne sais pas trop ce que c'est, mais elle, elle est partout, invisible, et, toc, il suffit d'un petit coup qu'elle porte ici ou là pour que l'amour s'arrête d'aimer, la pensée de penser, qu'il n'y ait plus rien.

Autrefois des gens ont dit : « Nous dansons sur un volcan. »

Oui, je danse, mais je sais que c'est sur un volcan.

Près des volcans il y a des villas et des cabanes ; des jeunes et des vieux ; des infirmes et des champions ; des bien aimés et des mal aimés ; mais, quand le volcan bave, il n'y a plus que du feu : comme on dit, on n'y voit plus que du feu.

On est tous tout près du même malheur, est-ce que oui ou non on aura le cran de le dire ? Le dire ? Mais avec quoi ? Les mots mêmes Dieu les a esquintés… Peut-on dire à un mourant sans manquer de tact « Bonjour » ou « Bonsoir » ?

Alors on lui dit « Au revoir », ou « Adieu »…tant qu'on n'aura pas appris comment dire « À nulle part »… « À rien du tout »…

Version B
(retouches autographes – ici en italique – sur un texte dactylographié)

Dieu est mort… vive la mort.

On a dit : « Dieu est mort. »
Puisque c'est vrai, il faut avoir *l'honnêteté* de ne plus vivre comme s'il vivait.

On a réglé la question pour lui ; *reste à* la régler pour nous.

Tant que Dieu vivait, la mort n'était pas une mort *scientifique. Maintenant nous sommes fixés.*

Si nous ne savons pas encore la taille exacte de notre vie, nous savons qu'elle sera petite, *qu'elle sera une* toute petite vie. *Pour* les uns le malheur tien*dra* toute la place ; *pour* les autres le bonheur tien*dra* + *ou* − de place ; *ce ne sera* jamais un grand malheur ou un grand *bon*heur, *puisqu'il pourra tenir* dans notre toute petite vie.

Le malheur grand, *indiscutable*, raisonnable : c'est la mort.

C'est devant elle qu'il faut devenir : réaliste, positif, pratique.

Je dis devenir car je suis frappée d'un manque de bon sens général. Il est vrai que je n'ai que 17 ans et qu'il me reste beaucoup de gens à rencontrer.

Les révolutionnaires *m'*intéres*sent*, mais ils ont mal compris la question.

Ils peuvent *a*ménager le monde au mieux : il faudra toujours qu'on déménage.

Les savants sont un peu enfants :

Ils croient toujours tuer la mort : ils tuent des *façons* de mourir, *la rage, la variole.* La mort, elle, se porte bien.

J'ai beaucoup de sympathie pour les pacifistes, mais ils sont faibles en calcul.

S'ils étaient arrivés en 1914 à museler la guerre, ceux que la guerre n'aurait pas tués seraient en 1998 définitivement rangés dans leurs cimetières personnels.

Sur 100 hommes, 100 *seraient morts*, c'est-à-dire 100 %.

Les « *gens* de bien » m'étonnent par leur assurance. *Ils manquent de modestie.*

Ils *sont sûrs de travailler au bonheur des autres.*

C'est tout au moins discutable.

Plus *la vie est bonne*, plus c'est dur de mourir.

La preuve, des gens se tuent tout seuls, quand on a tué leur raison de vivre.

Les amoureux sont radicalement illogiques et difficiles à raisonner :

« Je t'aime pour toujours... » *Ils ne veulent pas prendre conscience qu'ils seront infidèles par force et que cette infidélité approche chaque jour d'un jour.*

Sans compter la vieillesse, cette mort à tempérament.

Moi, je ne veux pas rester près d'un homme que j'aimerai, qui verra tomber mes dents, mon menton pendre, mon corps tourner à l'outre ou à la figue sèche.

Si j'aime, ce sera *en instantané*, comme en sursis, à la sauvette.

Et les Mères, les pauvres, elles ont du mal à ne

pas dire, à ne pas faire de folies : « Mon petit, je voudrais tant qu'il soit heureux. » Elles seraient capables d'inventer le bonheur pour pouvoir le donner à leur gosse. Il y a bien celles qui ne veulent pas faire de « la chair à canon », mais allez leur raconter qu'elles feront toujours de la chair à mourir. Je ne veux pas d'enfants. C'est assez que je suive tous les jours d'avance l'enterrement de mes parents.

Les plus logiques sont peut-être les maçons, les menuisiers, les photographes, les artistes, les poètes. Ils font des choses qui durent et ils font durer quelque chose *dans* des gens. Les rois sont morts, leurs fauteuils restent dans les musées. C'est une façon d'exister, d'avoir sa photo quelque part. Les monuments tiennent bon. *La* Joconde n'aurait plus sa tête *depuis longtemps si on n'avait pas fait son portrait.* Quand en classe on récite une fable de La Fontaine, ce que pensait La Fontaine continue de vivre un peu.

Et puis il y a les gens qui s'amusent, qui tuent le temps en attendant que le temps les tue... J'en suis.

Les gens sérieux *nous méprisent au nom de leurs occupations sérieuses.*

Ah, non, elle n'est pas liquidée, la succession de Dieu. Il a laissé partout des hypothèques d'éternité, de puissance, d'âme...

Et qui a hérité ? C'est la mort. Il durait : il n'y a plus

qu'elle qui dure ; il pouvait tout : elle vient à bout de tout et de tous. Il était esprit – je ne sais pas trop ce que c'est – mais elle, elle est partout, *invisible, efficace, elle donne un petit coup et toc l'amour s'arrête d'*aimer, la pensée de penser, *un bébé de rire* et qu'il n'y ait plus rien.

Autrefois des gens ont dit : « Nous dansons sur un volcan. »

Oui, je danse mais je *veux savoir* que c'est sur un volcan.

Près des volcans, il y a des villas et des cabanes, des jeunes et des vieux, *des génies et des imbéciles,* des infirmes et des champions, des bien aimés et des mal aimés ; mais quand le volcan bave, il n'y a plus que du feu. Comme on dit on n'y voit plus que du feu.

On est tous, tout près du *seul vrai* malheur, est-ce que oui ou non on aura le cran de le dire ? Le dire ? Mais avec quoi ? *Même* les mots, Dieu les a esquintés… Peut-on dire à un mourant sans manquer de tact : « Bonjour » ou « Bonsoir » ?

Alors, on lui dit : « Au revoir », ou « Adieu »…tant qu'on n'aura pas appris comment dire : « À nulle part »… « À rien du tout »…

Version C

(*On pourra constater que ce texte C est très légèrement différent de ce qu'en ont fait les éditeurs de* Nous autres gens des rues *dans les éditions de 1966 et 1995.)*

Dieu est mort… vive la mort

On a dit « Dieu est mort. »

Puisque c'est vrai, il faut avoir l'honnêteté de ne plus vivre comme s'il vivait.

On a réglé la question pour lui : reste à la régler pour nous.

Tant que Dieu vivait, la mort n'était pas une mort scientifique. Maintenant nous sommes fixés. Si nous ne savons pas la taille exacte de notre vie, nous savons qu'elle sera petite, qu'elle sera une toute petite vie. Pour les uns le malheur tiendra toute la place ; pour les autres le bonheur tiendra plus ou moins de place ; ce ne sera jamais un grand malheur ou un grand bonheur puisqu'il tiendra dans notre toute petite vie.

Le malheur grand, indiscutable, raisonnable : c'est la mort.

C'est devant elle qu'il faut devenir réaliste, positif, pratique.

Je dis « devenir ». Je suis frappée d'un manque de bon sens général. Il est vrai que je n'ai que 17 ans et qu'il me reste beaucoup de gens à rencontrer.

Les révolutionnaires m'intéressent, mais, ils ont mal compris la question. Ils peuvent aménager le monde au mieux : il faudra toujours qu'on déménage.

Les savants sont un peu enfants : ils croient toujours tuer la mort : ils tuent des façons de mourir, la rage, la variole : la mort, elle, se porte bien.

J'ai beaucoup de sympathie pour les pacifistes, mais ils sont faibles en calcul. S'ils étaient arrivés, en 1914, à museler la guerre, tous ceux que la guerre n'aurait pas tués seraient en 1998 définitivement rangés dans leur cimetière personnel.

Les gens de bien m'étonnent par leur assurance : ils manquent de modestie. Ils sont sûrs de travailler au bonheur des autres. C'est tout au moins discutable : plus la vie est bonne plus c'est dur de mourir. La preuve, les gens se tuent tout seuls quand on a tué leur raison de vivre.

Les amoureux sont radicalement illogiques et difficiles à raisonner. « Je t'aime pour toujours… » Ils ne veulent pas prendre conscience qu'ils seront infidèles par force et que cette infidélité approche chaque jour d'un jour. Sans compter la vieillesse cette mort à tempérament. Moi, je ne veux pas rester près d'un homme que j'aimerai, qui verra tomber mes dents, mon menton pendre, mon corps tourner à l'outre ou à la figue sèche. Si j'aime, ce sera comme en instantané, comme en sursis, à la sauvette.

Et les Mères, les pauvres, elles ont du mal à ne pas dire, à ne pas faire des folies. « Mon petit, je voudrais tant qu'il soit heureux. » Elles seraient capables d'inventer le bonheur pour pouvoir le donner à leur gosse. Il y a bien celles qui ne veulent pas faire de la chair à canon, mais allez leur raconter qu'elles feront toujours de la chair à mourir. Je ne veux pas avoir d'enfants. C'est assez que je suive tous les jours d'avance l'enterrement de mes parents.

Les plus logiques sont peut-être les maçons, les menuisiers, les photographes, les artistes, les poètes. Ils font des choses qui durent et ils font durer quelque chose des gens. Les rois sont morts, leurs fauteuils restent dans les musées. C'est une façon d'exister d'avoir sa photo quelque part. Les monuments tiennent bon. La Joconde n'aurait plus sa tête depuis longtemps si on n'avait pas fait son portrait. Quand en classe on récite une fable de La Fontaine, ce que pensait La Fontaine continue de vivre un peu.

Et puis il y a les gens qui s'amusent, qui tuent le temps en attendant que le temps les tue… J'en suis.

Les gens sérieux nous méprisent au nom de leurs occupations sérieuses.

Ah, non, elle n'est pas liquidée la succession de Dieu. Il a laissé partout des hypothèques d'éternité, de puissance, d'âme…

Et qui a hérité?.. C'est la mort… Il durait : il n'y a plus qu'elle qui dure ; il pouvait tout, elle vient à bout de tout et de tous. Il était esprit – je ne sais pas trop ce que c'est – mais, elle, elle est partout, invisible, efficace ; elle donne un petit coup, et toc, l'amour s'arrête d'aimer, la pensée de penser, un bébé de rire… et il n'y a plus rien.

Autrefois des gens ont dit : « Nous dansons sur un volcan. »

Oui, je danse, mais je veux savoir que c'est sur un volcan. Près des volcans il y a des villas et des cabanes ; des jeunes et des vieux ; des génies et des imbéciles ; des infirmes et des champions ; des bien aimés et des mal aimés ; quand le volcan bave il n'y a plus que du feu : comme on dit on n'y voit plus que du feu.

On est tous, tout près du seul vrai malheur, est-ce que oui ou non on aura le cran de se le dire ? Le dire ? Mais avec quoi ? Même les mots Dieu les a esquintés… Peut-on dire à un mourant sans manquer de tact : « Bonjour » ou « Bonsoir » ?

Alors on lui dit « Au revoir », ou « Adieu »…tant qu'on n'aura pas appris comment dire : « À nulle part »…« À rien du tout ».

TESTAMENT SPIRITUEL
DE MADELEINE

*Écrit le 7 janvier 1958, ce texte, aux accents johanni-
ques (Madeleine appelle ses amies : « mes enfants ») est le
testament spirituel de Madeleine. Il est écrit exactement le
lendemain du décès subit de l'abbé Lorenzo. La dispari-
tion de celui qui avait été un des soutiens essentiels de son
cheminement spirituel, malgré les divergences qui s'étaient
parfois manifestées entre eux, a dû atteindre Madeleine
très profondément. Le sous-titre : « Indications pour le
cas où je mourrais pendant l'état de fait actuel », semble
faire allusion aux incertitudes qui planaient encore sur
le groupe quant à son éventuel rattachement à l'Institut
Séculier « Caritas Christi ». Cette question sera définitivement réglée trois mois après.*

*La conjonction de l'événement de la mort de l'abbé
Lorenzo et de la situation incertaine du groupe explique
sans doute l'insistance de Madeleine sur la nécessité de
demander conseil. Mais en même temps, elle demande
avec force aux membres des Équipes de rester fidèles aux
intuitions fondamentales de leur vocation.*

Indications pour le cas où je mourrais pendant l'état de fait actuel

– Pour mon corps faites ce que vous voudrez sans sortir ni des habitudes de l'Église, ni de la pauvreté.

– Pour mon âme : suivez l'amour maternel de l'Église.

– Pour vous :

> – Je ne « vous laisse pas de commandements », je n'y ai aucun droit.
>
> C'est à Dieu que chacune de vous s'est donnée; c'est à Dieu qu'elle doit se garder.
>
> C'est à Dieu seul que vous devez être fidèles.
>
> – En revanche je vous laisse un avis. Que ce ne soit pas mon souvenir qui vous le fasse suivre. Suivez-le seulement s'il vous paraît droit : car mon souhait est que vous soyez vraiment libres.
>
> Ne changez l'essentiel de notre vie et ce qu'elle a de spécifique, ne le changez par amputation ou par accroissement que pour des motifs qui touchent votre fidélité à ce que Dieu [veut] *que vous soyez :*
>
> > – ni pour grandir
> >
> > – ni pour stagner
> >
> > – ni pour être plus stables
> >
> > – ni pour risquer
> >
> > – ni pour être « mieux », ni pour être moins bien.

Seule compte la volonté personnelle de Dieu sur chaque destinée personnelle. Car c'est lui qui sait de qui et de quoi il a besoin.

Ne vous fiez pas à vous. Demandez conseil. Non à ceux que vous préférez, avec lesquels vous êtes en relations, qui vous comprennent le mieux ;

mais à ceux qui ont fonction de conseiller en tel domaine ou d'arbitrer, et, ceux-là seulement en leur portant les avis de ceux qui sont le mieux informés des éléments de la question, même si vous les connaissez peu.

Ne « simplicisez » pas ; ne compliquez pas. Il faut prendre tout l'homme pour le donner à Dieu, et l'homme est compliqué ; il faut s'adapter à Dieu quand il nous tient : et Dieu est simple.

Ne décidez pas avec simplisme ; vivez vos décisions avec simplicité.

Craignez tout ce en quoi vous ne serez pas unanimes et plus encore les unanimités « forcées » ou « facilitées ».

N'entreprenez rien si l'amour ne vous unit pas ; si vous n'avez pas entre vous les actes de l'affection et de la bonté naturelles, les actes de la charité surnaturelle.

L'amour est votre vocation : celui de Dieu qui a pour conséquence nécessaire l'amour fraternel entre vous et hors de vous.

Rien ne doit passer avant lui.

Rien ne peut légitimer son anémie ou son absence.

Priez : sans prier vous serez des asphyxiées. Soyez heureuses ou tendez à l'être. Celui qui ne se réjouit pas même dans les tribulations, s'aime, par un bout quelconque, plus que Dieu.

Soyez fidèles à ce qui est l'appel personnel de Dieu sur vous dans l'Église et dans le monde ; mais prenez bien garde de ne pas changer l'ordre et de faire en sorte qu'être dans le monde davantage ou d'être d'Église davantage vous fasse être moins personnellement possédée par Dieu.

* * *

[...] Passage de quelques lignes non édité pour des raisons de discrétion.

* * *

Je finis, mes enfants, en vous demandant, quelle que soit la participation que le Seigneur vous donnera à sa peine, à sa tâche ou à la vie quotidienne de son Évangile, de toujours aller jusqu'au bout de votre possible dans l'effort... comme si la prière n'existait pas ; mais, de ne rien entreprendre sans prier comme si seule la prière existait.

Et si j'ai cru quelquefois être tant soit peu votre mère, à l'heure où j'aurai vu Dieu, c'est à la Vierge Marie que je vous aurai confiées, elle qui a été tellement Mère qu'elle a pu être la Mère de Dieu.

Madeleine

Fait à Ivry le 7 janvier 1958

CORRESPONDANCE
1910-1941

Lettre du 12 octobre 1910 à sa mère

Madeleine est probablement à Mussidan, chez sa grand-mère maternelle Junière. « Tante » est Alice Mocquet-Junière, la sœur de sa mère, et « Bébé » est son cousin Jean Mocquet, né en 1910. Si la date de la lettre est bonne, Madeleine aurait 6 ans. Même si quelqu'un l'a aidée à rédiger, on peut noter l'écriture très précoce de Madeleine. On peut s'en étonner, mais à l'époque beaucoup d'enfants apprenaient à lire très tôt.

Il est question d'un logement dans cette lettre. Jules Delbrêl étant dans les Chemins de fer, la famille déménageait souvent d'une gare à l'autre, jusqu'en 1916 où ils se fixent à Paris.

Clémentine Laforêt, gouvernante chez les Delbrêl dès 1908, a continué à vivre avec Mme Lucile Delbrêl après la séparation du couple.

                                      12-10-1910

Ma petite maman,

J'ai reçu ce matin ta lettre. J'y ai lu que tu étais enrhumée. Soigne-toi bien et ménage-toi. Températures, hier 37,6 ce matin 37,3.

Fixe-moi la date de ta petite visite.

Il fait toujours bien beau et nous nous amusons. Hier j'ai été à la Route de Bordeaux grand-mère m'a fait cadeau d'un joli sachet. J'y ai mis mes mouchoirs fins.

Je t'envoie une autre Espagnole qui elle n'a pas eu de malheur.

La couturière est venue. Nous avons combiné la robe de Blanchette. J'ai fait hier 6 dents de broderie à sa chemise. Tante et Bébé se sont purgés aujourd'hui.

J'adresse ma lettre chez Madame Regnier puisque tu dois y être aujourd'hui. Je voudrais bien t'embrasser ma petite mère et faire calinou, mais comme je ne le peux pas je me contente de t'envoyer de loin mes plus tendres caresses.

J'ai envoyé hier le colis du petit soldat il y a du saucisson des cigarettes des noix et du chocolat. Je pense qu'il sera content.

Combien y a-t-il de fenêtres dans la chambre que tu me destines? Une ou deux? Prend-on des externes dans la pension? As-tu fait attention aux médailles qui étaient dans mon bureau?

Embrasse pour moi papa.

Amitiés à Clémentine.

Caresses à minet.

Je t'embrasse bien fort chère petite maman et t'envoie mes grosses bises.

Ta petite fille qui pense souvent à toi.

Nénette

Lettre du 22 septembre 1915 à un destinataire inconnu

Voici une lettre telle que des milliers d'autres écoliers en ont écrit durant la guerre. Jules Delbrêl, son père, a été nommé chef de gare à Montluçon en 1913. Il le sera de juin 1913 à septembre 1916. Les trains de soldats passent dans un sens et dans l'autre.

Son oncle, Daniel Mocquet, a été mobilisé.

Pour ta permission

Un radieux soleil dans le ciel pur éclaire
La douce réunion à toi qui fus absent
Et dans cette maison qui nous paraît plus claire
Et dans cette atmosphère on dirait que l'on sent
La joie qui dans nos cœurs domine toutes choses.
Oui je voudrais te dire à toi qui es poilu
Ce que je te dirais peut-être mieux en prose
« Tu es comme un héros puisque tu fus élu
À la gloire de servir au milieu de nos transes
Notre Patrie notre drapeau
                    La France »
Madeleine Delbrêl
                            22 septembre 1915

Lettre du 4 mai 1916 à sa mère

*Madeleine est à Mussidan chez sa grand-mère mater-
nelle. Elle avait fait sa première communion un an auparavant, le 6 juin 1915, à Montluçon. Une semaine plus
tard, du 11 au 13 mai 1916, elle fera une retraite de
renouvellement de première communion. Mme Mocquet
est la belle-mère d'Alice Mocquet-Junière, sœur de la mère
de Madeleine.*

Mussidan, le jeudi 4-5-1916

Ma petite maman chérie,

J'ai reçu ta lettre ce matin et je t'en remercie bien.
Il faut que je me dépêche à t'écrire car il est 6 h passé
et que Georges va bientôt emporter le courrier. Je
viens de me confesser pour communier demain. Notre
départ est toujours entendu pour Lundi. Grand-mère
te fait dire que sa lessive est sèche. Je vous embras-
serai cher papa et chère maman mardi avec un bien
grand plaisir. Maria te fait dire bonjour. J'ai reçu la
carte de Clémentine, remercie-la de ma part ainsi que
Marcelle. J'ai déjeuné hier chez Mme Mocquet et j'en
ferai autant demain. Les pensées que j'envoie dans mes
lettres sont de mon jardin. Embrasse Clémentine de
ma part et donne à papa mes bons et gros baisers. Pour
toi ma petite maman garde les grosses bises de ta petite
fille qui t'aime.

Nénette

Lettre d'octobre 1921 à ses grands-parents maternels

Onie et grand-père sont les appellations que Madeleine utilise pour désigner les beaux-parents de sa tante Alice Mocquet-Junière, Mme et M. Mocquet. Ils sont d'autant plus proches que leur fils Daniel Mocquet a été porté disparu au combat en 1918.

Ma chère grand-mère,
mon cher bon-papa,

Pardonnez-moi de ne pas vous avoir plus tôt écrit mais je sais que vous avez tous souvent de nos nouvelles par Maman et comme mes heures de loisirs sont rares j'ai attendu aujourd'hui pour le faire.

Nous avons bien chaud nous aussi et j'ai pris en haine cette canicule. J'envie presque New York qui est sous la neige.

Comme maintes lettres vous l'ont répété notre jeune lycéen est un modèle de toutes les vertus : obéissance, douceur, sobriété. Il est en outre très à l'aise parmi nous et nullement dépassé. Nous n'avons pas pu jusqu'ici mesurer son ardeur scolaire la première semaine ayant été très douce comme travail. Aujourd'hui les devoirs commencent à se montrer.

Ma chère grand-mère, ne t'attends pas à voir arriver à Noël un infortuné Jean pâli par le jeûne et l'abstinence d'Henri IV. Loin de là. Cet aimable lycée s'inspirant sans doute de la fameuse théorie de la poule au pot aux festins. Ce matin pâté de foie de cochon, veau à la poêle (avec beaucoup de jus) macaroni et brie. Aussi ce « pauvre enfant » jouit-il d'un teint resplendissant.

Nous avons tous été bien heureux en apprenant mon cher bon-papa que tu continues ta vie dissipée et quittes ton foyer pour aller festoyer aux côtés de Onie. Continue ainsi pour notre plus grande joie.

La panière est partie aujourd'hui en colis postal. Ci-joint la clef pour l'ouvrir. Vous la garderez nous avons la semblable.

Je vous embrasse tous les deux tendrement. Grosses bises à Tante, à Onie et à grand-père. Votre

m.

Lettre de l'année 1922 à Henri de Régnier

Lettre adressée à Henri de Régnier, auteur de La Cité des eaux. *Il s'agit d'un brouillon avec d'assez nombreuses reprises et des petits dessins.*

Henri de Régnier, poète, romancier et essayiste, né en 1864, mort en 1936, élu à l'Académie française en 1911. La Cité des eaux a été écrite en 1902. C'est une œuvre poétique dont un vers est mis en exergue de Jeux d'eau de Maurice Ravel, créé la même année. Il se rattache au courant symboliste.

Monsieur,

C'est la grande et profonde admiration que j'ai pour vous qui me pousse aujourd'hui à vous écrire.

Ce que j'aime en vos œuvres ce sont vos pénétrantes analyses de caractères, vos patientes études de sentiments qui vous classent parmi les plus grands psychologues de notre littérature.

Monsieur, j'ai une grande ambition, celle d'avoir quand je tourne les pages de vos livres, une feuille avec quelques mots de votre main qui serait pour moi le plus précieux des signets.

Je sais Monsieur que je suis très indiscrète, autour de moi on rit et l'on voudrait m'enlever tout espoir de réussite. Je vous en prie, faites que pour une fois la confiance de la jeunesse triomphe du scepticisme de l'expérience et agréez ma requête, ne dédaignez pas à côté de tant d'admirations illustres, l'infime tribut de la mienne et vous compterez ainsi une amitié de plus dans la grande masse des inconnus.

Monsieur, j'ai 17 ans c'est vous dire que je suis sans ambition, mais je désire follement avoir la critique, les avis d'une personne très autorisée. Et en relisant votre Cité des eaux, en savourant vos vers, empreints de majestueuse sérénité, qui évoquent la pure lumière et l'immuable sourire des choses, j'ai pensé que je ne pouvais pas mieux m'adresser qu'à vous.

Je voudrais des conseils, de bons conseils que vous pourrez me donner en toute liberté puisque vous ne me connaissez pas.

Je vous demande seulement instamment de me répondre, de ne pas me refuser le service que je viens vous demander avec confiance encouragée par les poèmes que j'ai lus de vous et que j'aime.

Pensez Monsieur qu'en accueillant ma requête vous augmenterez l'admiration que j'ai pour vous d'un sentiment nouveau, la reconnaissance.

Lettre de l'année 1922 à Marcel Prévost

L'auteur des Lettres à Françoise *est Marcel Prévost, élu à l'Académie française en 1909. En 1902, il écrit* Lettres à Françoise, *en 1905 :* Lettres à Françoise mariée, *en 1912,* Lettres à Françoise maman, *et en 1924* Nouvelles Lettres à Françoise. *Il est célèbre pour son roman* Les Demivierges *qui fit scandale pour son inspiration érotique.*

Tout en fréquentant la Sorbonne et les cours de philo de Léon Brunschvicg, Madeleine ne suivra pas la filière scolaire qui mène au baccalauréat. Elle cherche des conseils d'orientation au moment où elle écrit « Dieu est mort… vive la mort ».

Monsieur,

À cause de vos études sur le caractère féminin et de vos célèbres « Lettres à Françoise » je vois en vous la personne éclairée qui pourrait me donner un bon conseil.

Quel genre d'études, croyez-vous, doit poursuivre une jeune fille ? Doit-elle chercher à obtenir les diplômes des examens auxquels mène le bachot ? ou doit-elle s'appliquer à posséder à fond l'anglais et la sténodactylo en pouvant ainsi travailler d'une manière plus personnelle à des études de littérature et d'art qui lui sont chères ?

Je sais, Monsieur, que je suis indiscrète mais notre siècle est une période d'évolutions si compliquées ! que l'on ne voit plus nettement la bonne route que l'on doit suivre. Pensez, que nous toutes, les jeunes filles d'aujourd'hui, nous n'avons pas comme votre Françoise un conseiller sûr et bienveillant. Ne refusez pas à l'une d'elles l'appui de votre expérience et, croyez qu'à la grande admiration qu'elle a pour vous, se joindra beaucoup de reconnaissance.

C'est une petite sœur de Françoise qui vous demande un service. Accueillez-la et répondez-lui je vous en prie.

Avec mes remerciements anticipés recevez, Monsieur, mes sentiments respectueux

Mad. Delbrêl

3 Place Denfert-Rochereau, Paris XIV

Lettre du printemps 1926 à Louise Salonne

Voici la première des lettres de Madeleine à Louise Salonne dont nous disposons. Cette correspondance débute deux années après la conversion de Madeleine. Elle sera régulière jusqu'en 1931. À cause du caractère exceptionnel de ce corpus, nous avons cherché à mieux connaître la correspondante de Madeleine. Ce travail bien sûr n'est qu'un début.

Louise est née en 1903, d'une famille de Morlaix, où son père était clerc de notaire. Elle a une sœur, Marie-Paule, née en 1902, année où la famille s'installe à Plancoët, près de Dinan. Marie-Paule devint écrivain.

Alors qu'elle était retirée à Saint-Cast, Louise Salonne écrivit aux amies de Madeleine, le 16 mars 1970, une lettre dont voici quelques extraits :

« Je suis avide de renseignements sur Delbrêl. Je l'ai bien connue à Paris en 1926 à l'atelier de peinture de Biboul peu avant son prix Sully Prudhomme. Nous avons longuement correspondu jusqu'en 1929 surtout. Puis, Madeleine, très prise par tous ceux à qui elle se donnait, notre correspondance s'est raréfiée. Je la vis pour la dernière fois en novembre 1930 à Paris. Avec quelle émotion je lus le billet du 15 octobre 1933 sur lequel elle m'annonçait : "…J'entre ce soir dans un groupe religieux nouveau […]".

« […] En septembre 1938, lors de ma conversion, elle fut la première à qui j'écrivais ma "joie de croire". Madeleine avait tant prié pour moi !

« […] Il y a quelques mois dans une homélie de la Messe télévisée, le P. Carré (ou le P. Lelong ?) disait : "cette femme admirable que fut Madeleine Delbrêl…" Ce *nom, ce prénom ? Était-ce de mon amie de jeunesse qu'il s'agissait ?*

« [...] J'ai Dieu merci une bonne cinquantaine de lettres de Madeleine – de 1926 à 1929 surtout – lettres si précieuses par leur valeur spirituelle, par la profonde affection qui nous liait. Quelle bonté chez elle ! En 1928, je fus très malade. Pendant près de deux ans, Madeleine m'écrivait deux fois puis une fois par semaine. »

Louise Salonne a donné la cinquantaine de lettres à la responsable des Équipes Madeleine Delbrêl. Elles sont maintenant dans les archives et ce sont elles que nous publions dans le présent volume. Que pouvons-nous savoir encore de Louise Salonne ? Voici ce qui apparaît à la suite d'une lecture d'ensemble des lettres :

Madeleine et Louise se seraient connues à un atelier de peinture – la Grande Chaumière – probablement en 1920-1921 (cf. lettres du 1ᵉʳ avril et 2 juillet 1927, et surtout du 11 janvier 1928).

Louise Salonne a fait de la peinture (lettre du 11 juin 1926) et probablement de la pyrogravure sur bois (lettres du 18 juillet et du 23 décembre 1926). Elle a participé ou fait des expositions (lettre du 11 juillet 1928).

Elle ne voulait pas se marier (lettre du 11 juin 1926) et a eu des velléités de faire sa médecine (idem et 11 septembre 1927).

Elle ne vivait plus à Paris, mais à « Villefranche ». La lettre du 7 mars nous permet de préciser qu'il s'agit de

Villefranche-sur-Mer, au bord de la Méditerranée (« Cassis est sur le chemin de Villefranche ») [1].

Ma chère amie,

Ce mot pour que tu ne viennes pas me prendre à 3 h ½. Je ne serai chez Nieu qu'à 4 h ½. Excuse-moi auprès de lui.

Bien amicalement à toi,
Madeleine

Lettre de juin 1926 à Louise Salonne

Mercredi

Ma chère Louise amie,

Un mot en hâte : je pars pour Redon vendredi.

Je serai à Quiberon du 29 au 2 août. Si heureuse si tu venais! mais du 1er au 15 juillet serait mieux.

Connais-tu Folgoët et une adresse pour des amis, pension de famille pas cher?

Merci.

Très vite un mot.

Ta
Madeleine

FOYER INTERNATIONAL DES ÉTUDIANTS CATHOLIQUES

14, Rue de la Tombe-Issoire, Paris (XIVᵉ)

(Entrée : 18, rue de la Tombe-Issoire)

MERCREDI 21 AVRIL 1926, A 20 H. 30

CONFÉRENCE de M. HENRY MASSIS

Rédacteur en Chef de la *Revue Universelle*

" ORIENT & OCCIDENT "

La Conférence sera publique.

On trouvera des cartes au Secrétariat du Foyer, 14, rue de la Tombe-Issoire
Les étudiants et les étudiantes pourront entrer sans carte.

Métro : Station Saint-Jacques. — *Tramway :* Ligne Nº 8.
Autobus : AE, station Denfert-Rochereau ; AR, station Saint-Jacques.

Lettre du 11 juin 1926 à Louise Salonne

En juin 1926, Madeleine émerge des deux années très difficiles qui ont suivi le brusque éloignement de Jean Maydieu en octobre 1923. Cette lettre à Louise Salonne traduit le recul qu'a pu prendre Madeleine par rapport à son expérience personnelle.

61

L'atelier de la Grande Chaumière, 14 rue de la Grande-Chaumière, 75006 Paris, a été fondé en 1904. Ce sont des ateliers indépendants les uns des autres. On pratiquait le modelage et la sculpture à l'atelier de Lucien Simon. Celui-ci était également peintre mais ne l'enseignait pas en ce lieu [2].

11 juin 1926

Ma chère Louise,

J'ai été heureuse en reconnaissant ta voyageuse écriture mais attristée par tout ce que ta lettre contient de soucis.

Je connais par expérience ces périodes où tout semble ligué pour faucher le courage et je voudrais que cette lettre soit pour toi le témoignage de mon amitié toute dévouée qui ne demande qu'à te remonter et à te réconforter. Quand ces moments noirs sont encore alourdis par un devoir de gaîté à donner aux autres, ils deviennent étrangement lourds à porter et l'on se fatigue bien en attendant d'en voir surgir d'un peu plus clairs. Ce que tu me dis de ta sœur m'afflige beaucoup. Il y a des morts morales à subir plus dures que de véritables morts et je crois que ce retour à la terre des fantômes imaginatifs par nous créés doit être une chose profondément douloureuse. Tu as raison de lui sacrifier ces quelques mois et de l'entourer d'une tendresse qui doit lui être plus que jamais nécessaire. Je comprends aussi ce que doit être pour elle et pour toi cette toute petite fille encore toute en promesse, en incertitude mais en fraîcheur, et de quelle sollicitude tu dois entourer son petit corps jeune et son âme encore inconnue. Tu as raison de dire que c'est ce qu'il y a de meilleur dans le mariage. On peut même dire que c'est le mariage et qu'en restituant à ce mot tout ce qu'on lui a retranché de dignité et de noblesse par le ridicule et l'égoïsme on en arriverait à la définition d'un sacerdoce à deux pour l'épanouissement de la vie. Mais vois-tu l'époque où nous vivons, et d'ailleurs les hommes de tous les temps salissent ou rapetissent tout ce qu'ils touchent et quand ils ont tout saccagé on les entend rire de mépris ou de dégoût. J'avoue avoir bien longtemps partagé sur le mariage les opinions contemporaines. Mais quand pour fixer une nouvelle idée on lève les yeux un peu plus haut on voit la vie entière sur un autre plan et il y a des traditions auxquelles on découvre une sorte de sainteté. Ce qui m'afflige aussi beaucoup c'est de te sentir en solitude au milieu des tiens. C'est malheureusement une chose trop fréquente et si j'ai eu le bonheur d'en avoir été préservée j'ai pu l'observer bien des fois. Méfie-toi par exemple de ne pas t'exagérer le mal, de ne pas généraliser le malentendu. J'en ai bien « rabattu » sur l'unique valeur de l'esprit, de la culture, de l'intellectualisme. Toutes les divergences sur ce point sont secondaires. Même dans le cas (et ce n'est pas le tien) où on a affaire à des gens qui n'en ont pas même entendu parler, si le plan bonté reste intact tout est sauvé. Trouver la véritable bonté est une chose si exceptionnelle qu'il faudrait presque se mettre à genoux pour recevoir la petite part que la vie veut bien nous donner. Et va, la plus grande part de cette petite part, si nous ne la trouvons pas dans la solidarité *instinctive* de la famille je crois que nous devons désespérer de la trouver. Vois-tu il y a une certaine atmosphère de communauté qu'on ne peut je crois apprécier que lorsque la même peine vous arrive en dehors et dans votre famille. Il y a je crois une réversibilité inconsciente d'épreuve sur tous les membres du foyer que nous ne sentons pas, seulement parce que la comparaison nous manque. Encore un sentiment qui prend beaucoup de place en moi et que je n'avais pas du tout. Par conséquent, ma chère amie, fais bien attention à ce que ces froissements que ta sensibilité peut sentir très fortement n'en arrivent pas néanmoins à détruire en toi la possibilité de réconfort qui se trouve malgré tout dans une vraie famille.

J'ai fait mon entrée chez Simon et la cérémonie historique s'est somme toute déroulée le moins mal possible. Nous étions trois nouveaux et comme beaucoup d'anciens étaient absents nous n'avons pas été trop maltraités. Nous avons chanté un duo sans monter sur la table. J'ai décrété que ma haute taille se pouvait passer de ce piédestal. Mais nombre de corvées nous sont imposées. Je dois avouer que le milieu est moins que sympathique et que je serai longue à m'y faire. Une grossièreté latente y règne et on n'y cultive guère que la très lourde plaisanterie. Le langage de rigueur est émaillé, criblé des mots les plus déplaisants et autant le « chahut » je ne crois pas qu'il puisse être égalé. J'ai fait l'école buissonnière toute la semaine. Je suis très absorbée par un travail littéraire qui me tient à cœur et que je voudrais dégrossir avant les vacances qui approchent. Je vais peut-être écrire à Simon que je suis obligée d'interrompre jusqu'à la rentrée.

Je comprends que le temps actuel doit te plonger dans l'impatience et que tes pinceaux doivent s'agiter dans ta boîte fermée. Patience. Peut-être cette attente te sera-t-elle favorable. Elle mûrira tes projets et t'empêchera d'appliquer tes nouvelles idées avant qu'elles aient toutes leurs forces. Je serais contente de savoir où tu en es dans ton courage de travail. Je ne sais si je me trompe, mais il me semble que de ce côté non plus tout ne va pas très bien. Pas au point de vue métier peut-être, mais plutôt au point de vue décision, orientation générale, sens profond de ton activité? J'ai repensé plusieurs fois à tes velléités de médecine. Réfléchis avant de trancher définitivement la question. C'est un avenir vraiment intéressant et qui du côté actif a je crois plus de puissance de réalisation. Plus je vais plus je crois fermement que nous ne venons en ce monde qu'avec une mission à remplir. Il s'agit de la découvrir et ensuite de ne pas lui être infidèle. Si véritablement tu ne veux pas te marier, il faut que tu sois absolument sûre de la fermeté de ton but. Il faut qu'il soit assez fort pour te retenir à lui pendant les découragements, pour te forcer à agir, même quand tu préféreras la paresse. Il faut absolument tenir compte de ces états d'âme en organisant sa vie, autrement c'est projeter des vacances en ne comptant que sur du soleil. D'un autre côté, je suis persuadée qu'il faut à notre temps des dévouements à la cause de la joie. Si nulle époque n'a peut-être été plus bruyante, je doute qu'il y en ait eu une autre plus dépourvue de vraie joie. À ceux qui en ont le plus senti l'absence, ou qui ont le plus lutté pour la conquérir, de la donner aux autres. L'art peut être une source de joie pour les yeux et l'intelligence. Mais vois combien le secours de l'intelligence sur les pauvres corps malades et par là les pauvres âmes est aussi un merveilleux agent. Cela dit sans t'influencer. Allons mon vieux, courage. Excuse cette ridicule lettre de vieille grand-mère trop sage. Je voudrais pourtant qu'elle vienne te donner un peu de réconfort dans les ennuis connus et inconnus qui te tourmentent et c'est en le souhaitant que je t'embrasse (je puis bien le faire d'un bout du monde à l'autre) avec toute la sincère amitié que j'ai pour toi.

(Ne compte pas les feuilles… mais les lignes et les mots!)

Madeleine

Lettre de juillet 1926 à Louise Salonne

Mon amie,

On me porte ta lettre à l'instant je ne veux pas en perdre un seul pour t'embrasser avec toute mon affection.

N'hésite jamais à frapper chez moi quand tu as une grande peine, j'en ai tant connues pour ma part que je les comprends infiniment mieux [que] ce que l'on a coutume d'appeler joies. Courage, ma chérie, je ne peux pas atténuer en toi l'angoisse que tu ressens pour ta mère elle-même, pour sa souffrance à elle, mais ce que je veux c'est dépouiller cette souffrance de la part d'égoïsme qu'elle pourrait contenir en te disant qu'on ne perd jamais son temps à souffrir et qu'il vient toujours un moment, après révoltes et désespoir, où tout s'éclaire avec une implacable logique. On se dit « il fallait que cela fût pour qu'en moi telle force se réalise ». Voilà ma chère Louise pour ce qui est de ta souffrance à toi, de ce cauchemar, de cette terreur devant demain. Pour ta chère maman, ne perds pas espoir. Les menaces de paralysie sont souvent évoquées vainement.

Mon père cet hiver en plein concours des galeries m'a donné une terrible alerte. Il a eu une petite attaque et le médecin donnait les plus grandes inquiétudes craignant tout, paralysie de la langue etc. Rends-toi compte avec son état ce que cela aurait été. Heureusement cet état lui a caché son danger et ni lui ni personne n'en a rien su. Il est maintenant comme tu as pu le voir, très bien remis. Par conséquent ma bonne amie, regarde carrément du côté clair, obstine-toi vers lui en entassant au fond de ton cœur toute l'énergie nécessaire en cas d'alerte.

Ne manque pas de m'envoyer ne serait-ce qu'un mot pour me fixer sur ce qui se passe.

Surtout sois brave pour deux. Ta pauvre sœur doit avoir tant à porter pour sa part qu'il faut qu'elle soit ménagée jusqu'au dernier moment et que si tout s'arrange elle n'ait pas connu cette angoisse. Pense à son fardeau à elle le tien sera plus léger.

Excuse cette hâte, ma pauvre grande, mais je suis accablée de travail. Je t'en prie sache bien que je suis avec toi de cœur autant qu'on peut l'être et que je prie le Dieu de toute force, de t'en donner la large part que ta belle âme mérite.

Toute à toi

Madeleine

9 h du matin mercredi

Lettre du 18 juillet 1926 à Louise Salonne

Depuis 1922 et peut-être même avant, Madeleine travaillait à des poèmes. Ils accompagnent toute la période de sa conversion de 1922 à 1925. Après les avoir écrits au fil des jours, elle les a reclassés et ordonnés en un recueil – La Route

– dont elle a présenté le manuscrit au jury du prix Sully Prud'homme, de l'Académie française. Elle gagne le prix.

18 juillet 1926

Ma chère Louise,

Merci pour l'envoi de ta lettre et pour celui de ton bois que je trouve très, très bien venu. Je suis toute joyeuse de l'avoir et tu es tout à fait gentille de m'en avoir donné un tirage.

Excuse ce petit mot hâtif mais il vient de m'arriver une agréable chose. Le jury du prix Sully Prudhomme vient d'attribuer à mon manuscrit « La Route » ce prix qui s'élève cette année à 8 000 francs.

Comme tu peux le penser j'en suis très heureuse mais comme je me décide à me lancer carrément dans cette voie, je suis littéralement accablée de visites et de démarches de toutes sortes (14 visites par jour!) et de lettres de remerciements!..

Que mon presque silence ne me prive pas de lettres de toi et crois bien ma chère amie, à mon affection en attendant que je te l'exprime mieux dans les premiers jours d'août.

Madeleine

Lettre d'août 1926 à Louise Salonne

Madeleine est alors en vacances avec une autre amie, Hélène Jung, poète. Celle-ci, convertie, est devenue Sœur Marie-Madeleine du Christ chez les Dominicaines de Béthanie. Elle a fondé la Mission N.-D. de Béthanie, devenue Institut Séculier en 1965. Elle est morte à Jérusalem le 12 janvier 1990.

Le travail qu'elle évoque est probablement littéraire.

Santez Anna, Maison Guéguel
St Julien en Quiberon, Morbihan

Ma chère grande Louise,

Ta carte m'est parvenue ici et malheureusement je n'y ai pas trouvé la nouvelle du mieux que j'attends.

Je suis absolument sur les dents et c'est encore une lettre griffonnée que je t'écris, je travaille tant que je peux et je suis dérangée par tout ce que les vacances entraînent de superflu.

Comme le bourg est loin d'ici je veux emporter ma lettre en y allant et je vais partir.

Je suis heureuse que ma lettre ait eu le don de te rendre un peu courage, elle ne t'a rien rendu du tout car nous ne pouvons je crois rien recevoir directement des autres, ils nous font prendre conscience de ce qui gît obscurément en nous ou bien ils font passer par l'intermédiaire de Dieu ce qu'ils leur destinent. C'est la voie sûre par excellence surtout pour ceux qui trop longtemps la méconnurent.

Bien avec toi et sous peu une longue lettre.

Courage et force.

Madeleine

Lettre du 6 août 1926 à Louise Salonne

Dimanche 6 août 1926

Ma grande Louise,

Il est déjà bien tard et je suis bien fatiguée, néanmoins je ne veux pas que cette journée s'achève sans t'avoir dit combien je suis heureuse de ta lettre et de l'enfin bonne nouvelle que j'y trouve. Ainsi tu entres dans cette délicieuse période de petits soins, de tendresse et de renouveau de joie, où chaque chose coutumière prend un air de jeunesse qu'on ne lui connaissait pas, et où de petits plaisirs infimes et dédaignés grandissent jusqu'à vous faire chanter d'aise.

Repose-toi dès que tu le pourras tu dois être rompue et tu auras besoin de force pour reprendre ta vie.

La vie, ma chère amie, cette chose merveilleuse qu'on bafoue tellement aujourd'hui ou que l'on caricature en la louant sur un plan faux.

Cette vie qu'on a détachée si bêtement de sa logique continuation qui est la mort si logique que vraiment je ne sais plus bien voir quel est le vrai nom de l'une ou de l'autre, puisque la mort commence avec la vie, toute croissance s'accompagnant de sûre destruction et toute mort n'étant que la fin, pris dans le sens de but de la vie – et somme toute comme le dit St Paul la mort pour toute chose est une promesse de vie je ne dis pas meilleure mais supérieure comme la vie de l'arbre est supérieure à celle de sa semence.

La vie pour moi, je la considère maintenant comme les préludes des sonates splendides qu'on attend. Dans le prélude gronde déjà toute leur puissante richesse, il prépare. Quel prélude jouer, digne du magnifique après, tellement différent des paradis de carton-pâte qu'on nous déforme et des anges en robe rose, digne de cette plénitude d'esprit, de cet achèvement, de cet accomplissement.

Je crois, ma grande, que lorsqu'on considère le mot vie sous cet angle, chaque minute prend une importance singulière, une sorte de dignité, et l'on hésiterait avant de la vivre si le temps daignait s'arrêter on hésiterait afin de se purifier et de l'offrir comme une offrande à Celui qui donne tout, même ce fragment d'Éternité, que l'homme s'amuse à faire bouger et à appeler temps.

Je voudrais pouvoir rendre jeunes dans ce sens, c'est-à-dire infiniment respectueux et graves, tous les êtres que j'aime et leur faire comprendre cette joie qu'il y a à vivre même dans la douleur dont elle est souverainement indépendante.

Mais je m'aperçois heureusement que je commence à radoter et que tu vas t'assoupir sur ces pages noires.

Je suis ici dans le pays de mes rêves.

Pays de grande épouvante et de très profonde douceur selon les lieux.

J'habite un tout petit village avec une chapelle qui tombe, un labyrinthe de maisons, des murs chargés de figuiers et de giroflées, et beaucoup de coiffes et de cris d'enfants. Tout près la grande baie paisible toujours en quête d'histoires tristes et là-bas, derrière la grande côte avec ses décors inoubliables et tout ce qu'elle évoque et tout ce qu'elle vit elle qui n'aime pas les histoires mais qui les crée.

Partout des villages inouïs et rudes épellent leurs noms rauques et quelques-uns bénits, calmes comme celui où je demeure.

Au revoir ma grande, je tombe de sommeil. Demain je pars de grand matin à Carnac à l'abbaye de Kergonan où j'entendrai la Messe et peut-être le beau plain-chant des Bénédictines. Je ne t'oublierai pas. Il y a le bout de la baie qui y est d'une extraordinaire paix et beaucoup de silence. Je t'envoie tout ce que ce bas de feuille blanche peut tenir d'amitié et beaucoup plus encore.

Ton amie

Madeleine

Lettre de septembre 1926 à Louise Salonne

Madeleine est retournée à Arcachon, dans l'environnement de l'été 1923 quand elle était avec Jean Maydieu. Celui-ci est maintenant chez les dominicains depuis un an. Le docteur Armaingaud, qui tenait à Paris un salon littéraire, avait mis en contact les deux jeunes gens.

> chez le docteur Armaingaud, le Moulleau
> par Arcachon

Ma chère Louise,

Mea culpa et maxima.

Je retardais toujours cette lettre d'excuses pour la faire longue mais puisque tu es malade je griffonne ce petit mot avant de me coucher.

Je suis rentrée de Quiberon horriblement fatiguée après un mois de surmenage intense où j'ai mis un livre de prose sur pieds au prix de morceaux de nuits puisque j'avais promis de me reposer en septembre.

Ensuite excursion en auto en Dordogne et Lot puis arrivée à Arcachon, descente à Lourdes, les Landes, puis retour ici, où je trouve un travail fastidieux de copie. Mon père atteint du côté foie, le seul organe qui tenait encore bon et moi encore un peu fatiguée. Tu ne me dis pas ce que tu as. Si tu peux écrire fais-le. Moi je tâcherai de t'envoyer une lettre plus longue sous peu mais aujourd'hui où je reçois ta lettre qui a couru après moi, ce n'est pas possible.

Courage, mon vieux, pas de résignation c'est une sale vertu, de l'élan et une offrande de ce qui ne va pas pour que ça aille mieux plus tard chez nous, ou maintenant chez les autres. Le communisme de la peine il n'y a que cela qui compte vraiment et sans qu'on s'en doute le vieux monde est bâti là-dessus.

Je t'embrasse de tout cœur,

Madeleine

Lettre du 8 octobre 1926 à Louise Salonne

Madeleine est à Mussidan, le pays d'origine de ses parents.

Cette lettre est la seule trace de son essai sur l'art et la mystique, dont elle dit qu'il est « uniquement une œuvre d'apostolat ».

Mussidan le 8 octobre 1926

Ma chère Louise,

Je suis navrée de ce silence que j'étais loin de vouloir si long. D'autant que j'ai une vraie hâte d'avoir de toi d'autres nouvelles et que je comprends combien tu dois voir de grisaille durant ces jours de repos. Mais je ne me suis pas appartenue. J'ai quitté Moulleau en recevant ta lettre, encore assez patraque et je ne suis arrivée ici que pour partager une immense peine amie. Pardonne-moi, je te prie. J'espère que tu ne doutes pas de mon amitié et que tu comprendras que si j'ai paru indifférente c'est qu'il y avait pour moi impossibilité de faire mieux.

Tu as bien raison, mon amie, d'attribuer une si grande force d'intercession à la Douleur, elle est au fond la grande prière du monde, mais combien elle est dure à formuler. Ce que tu me dis de la résignation n'est pas juste quant à l'exemple. Le très haut sentiment de sacrifice que tu me confies est un grand élan de générosité, une offre et la patience durant ce sacrifice accepté c'est l'accomplissement de cet élan. Tout doit être un don, spontané ou héroïque, humble ou éclatant, enthousiaste ou déchirant, mais tout sacrifice doit être offert, non accepté; même un sacrifice imposé par d'autres doit être voulu par nous, nous devons adhérer à l'épreuve qu'on nous demande.

Mon livre de prose est un essai sur l'art et la mystique. Un parallèle sur les états semblables que traversent mystiques et artistes, les semblables épreuves, les mystères qui leur sont communs. La Religion de l'art qui est une forme de la Religion tout court à laquelle on a subtilisé ses vrais noms. Les vers de ta sœur sont très émouvants. Comme elle a une vie douloureuse et comme je te comprends de t'associer si pleinement à cette vie.

Surtout ma chère amie, soigne-toi en toute conscience pour toi et ceux qui ont besoin de toi. N'oublie pas que tout être est responsable de lui, mais non pour lui et que nous ne sommes pas plus propriétaires de notre vie que de celle des autres. Nous nous appartenons mutuellement, et en te soignant, tu soignes les corps de la grande Charité du monde.

Mon livre est uniquement une œuvre d'apostolat. T'ai-je dit à ce propos une phrase bien belle que j'ai trouvée dernièrement :

« Il n'y a qu'en souffrant qu'on ne se trompe pas. »

Écris-moi souvent si cela ne te fatigue pas. Ne compte pas trop avec moi en ce moment, car je te le répète, j'ai une lourde épreuve sur les épaules.

Ne nous plaignons pas, courageuse, il n'y a qu'avec une croix qu'on puisse grimper le grand talus.

Je t'embrasse comme je t'aime : bien tendrement et tu le sais avec un entier et complet dévouement.

Madeleine

Pour cause d'indiscrétion, ma famille et moi prenons l'adresse suivante à Paris où nous rentrons mardi :

Boîte 47 Bureau de Poste de l'avenue d'Orléans, Paris 14e.

Lettre de novembre 1926 à Louise Salonne

Madeleine annonce une « cure de philosophes ». Elle en a tiré des fiches de lecture qui sont conservées aux archives.

Boîte 47 Bureau de Poste de l'avenue d'Orléans,
Paris 14ᵉ.

Ma vieille Louise,

Je ressuscite et je pense que de ton côté tu en fais autant.

J'ai l'impression tout à fait nette de revenir d'un voyage aux limbes pays qui ne manquerait pas de charme pour l'imprécision des formes et le silence, si l'air y était plus léger. Je retrouve une tête presque neuve pour penser (ce qui n'est pas le plus agréable !). Je retrouve une plume un peu lourde et qui se fatigue avec une rapidité qui me vexe beaucoup et heureusement des livres qui eux m'accueillent me racontent des tas de choses que je peux écouter. Je me gave de poésie et je commence une cure de philosophes. J'ai des lacunes à faire frémir de ce côté-là.

Penses-tu venir cet hiver ? Je serais si heureuse de te revoir d'aplomb et courageuse.

Allons, mon vieux, je t'embrasse pour te donner du cran dans le cas où tu en manquerais. Bon courage. Prie beaucoup. Dieu est le meilleur des Maîtres : avec lui apprendre c'est souffrir mais quelle lumineuse science il nous donne. Pourquoi avons-nous toujours envie de nous sauver avec nos mains sur nos oreilles quand il nous dit ses dures et pures paroles.

Prie pour moi. J'en ai un fier besoin durant cette année,

Ton amie

Madeleine.

Lettre de l'automne 1926 à Louise Salonne

Comment expliquer ces «… deux ans de grande fatigue sans manger »? On ne peut s'empêcher de penser à l'anorexie. Mais il s'agit plus probablement de maux d'estomac et d'intestin qui l'empêchent de manger.

Paris,

Boîte 47. Bureau de poste avenue d'Orléans 14ᵉ

Ma bonne grande,

Je suis malade et au grand repos : dormir, manger, un point c'est tout. Un épuisement complet après deux ans de grande fatigue sans manger. L'appétit revient et j'espère être vite sur pattes.

Mais toi? Rien reçu, suis inquiète. Vite un mot.

Ta
Madeleine

Lettre du 23 décembre 1926 à Louise Salonne

Première lettre où Madeleine fait mention de son engagement dans le scoutisme.
Les « bois » qu'elle demande à Louise Salonne sont probablement des œuvres de pyrogravure.

Paris 23 décembre 1926

Ma chère grande Louise,

Enfin! que deviens-tu?

Je commence à être sérieusement inquiète de toi.

Ma dernière lettre est demeurée sans réponse et ne voyant rien venir je crains que toi ou les tiens n'ayez encore des soucis de santé. Je t'en prie rassure-moi vite.

J'ai repris ma vie et suis bien occupée quoique n'ayant plus le dessein auquel, tu t'en doutes, je ne puis penser sans regret! Mais ainsi vont les choses.

Je voudrais te raconter quelque sensationnel événement, mais la quasi-ermite que je suis est un mauvais journal d'information.

J'ai entrepris une cure de philosophie, branche dans laquelle j'ai d'inexcusables lacunes et j'ai pris courageusement deux gros tomes où un cours complet s'offre à moi.

Ce n'est pas sans mélancolie que je considère toute cette suite de pages consacrées à la psychologie, la morale et la logique, avant celles qui exposent les problèmes métaphysiques, les seuls qui m'intéressent.

Je viens de travailler beaucoup une étude sur Paul Claudel, quel splendide poète et quelle joie pour moi de l'avoir mieux connu, il y a une vie surnaturelle si intense dans tous ses poèmes que c'est une grande charité de sa part de nous y faire participer.

Comme vie active, changement de programme ; pour des raisons multiples qui ne sont pas sans m'affliger, j'ai dû quitter le patronage dont je m'occupais. Sans travail, je me suis décidée à m'engager dans le scoutisme, mouvement en général assez mal connu et qui est une promesse de redressement moral et spirituel sur les générations qui viennent. Mais, pour être « cheftaine » ou « sous-cheftaine », ce que je serai, c'est-à-dire chef des plus petits scouts, il faut passer par toute une initiation, intellectuelle, pratique et aussi physique. Je fais exercice sur exercice, je rampe, saute, chante, etc., autant de sports qui m'étaient assez peu familiers comme tu dois le croire. En janvier, ma cheftaine et moi prendrons possession de notre troupe.

Mais assez parlé de moi. Travailles-tu ? Quand penses-tu reprendre tes quartiers d'hiver ? J'ai une certaine hâte de te retrouver et j'espère fortement une lettre m'annonçant ton arrivée.

Ta petite nièce doit être bien prenante maintenant et je la soupçonne un peu de t'avoir attachée près d'elle par un de ces charmes où les enfants sont si savants. L'hiver se passe-t-il bien pour ta maman ?

Si je n'étais pas trop indiscrète, je te demanderais de me faire un grand plaisir. Ce serait de m'envoyer quelques-uns de tes bois, le genre de ceux que tu vendais à Montmartre, pour une vente de charité à laquelle je m'intéresse très particulièrement. Le plus tôt serait le mieux, mais, si pour une raison ou une autre tu y voyais un empêchement dis-le moi en toute franchise et je le comprendrais très bien.

Noël demain soir. J'en suis heureuse. J'ai été bien des années où je ne comprenais plus toute la joie de Noël et je la retrouve maintenant, vivante comme au temps d'enfance avec beaucoup plus de gravité. Il me semble qu'on peut tout attendre de cette fête, c'est vraiment la fête des présents, de l'incarnation de toutes les grâces. Puisses-tu, ma chère et grande Louise, en avoir plein ton âme cette nuit-là et les comprendre, et ne les point perdre, car toute la valeur de la vie, réside en leur économie qui est quelquefois dramatique.

Mais je commence à prêcher et je deviens stupide.

Une masse de lettres m'attendent, telles qu'il s'en trouve hélas! en cette fin d'année, et pour me donner du courage j'ai écrit celle-là pour toi.

Je t'embrasse de tout mon cœur.

Ta bien fidèle,

Madeleine.

et que l'an neuf soit bon pour toi!

Lettre du 11 janvier 1927 à Louise Salonne

Madeleine annonce la publication de son livre le 25 janvier 1927. Il s'agit de La Route.

11 janvier 1927

Ma grande Louise, je devrais mettre aujourd'hui, ma petite Louise car tu es à plat, ma pauvre amie, et ce n'est certes pas moi qui songerai à t'en blâmer, mais j'ai le grand désir de te porter sinon la force que nul être humain ne détient mais ma profonde affection qui, elle, m'appartient et qui tu le sais, t'est fidèle. Je reçois ce soir ta lettre et avant d'aller au Cercle je veux que ma pensée aille à toi. Je suis égoïstement navrée de voir reculer encore ton voyage à Paris et je le suis pour toi aussi de tout mon cœur. Comme je voudrais t'avoir près de moi pour essayer de te remonter en te racontant tout ce qu'on peut faire d'essentiellement actif en restant complètement passif. C'est une vérité extrêmement sévère et on ne la reconnaît jamais sans en avoir un peu peur car elle peut mener très loin, mais elle est une règle de souveraine liberté. J'aimerais à t'en parler de cette liberté qui déchire les poignets en nous ôtant les fers, et si la douleur de cet arrachement met beaucoup de larmes dans les yeux et nous cache les splendeurs environnantes, nous les retrouvons bientôt, et nos plaies fermées, nous pouvons marcher vers toute beauté et l'étreindre. Petite amie je ne te dirais pas ces choses un peu âpres à toi qui souffres si je ne croyais pas que les remèdes adoucissants calment sans guérir ; je suis pour moi l'amie du fer rouge et je ne sais hélas souvent n'être que celle-là pour les autres. Si je te blesse quelquefois je t'en demande pardon. Je te demande aussi, ma chérie, de m'envoyer cette lettre que tu voulais parler, j'ai hâte de voir si ce que je pense de toi dans ce sens est exact.

Que te dirai-je dans ces quelques instants qui me restent ? Rien de moi certainement, car toi seule m'intéresses en ce moment puisque tu es triste. Songe, mon amie, que tu n'es pas Louise Salonne seule et douloureuse mais que tu es dans la grande masse des êtres une unité solidaire des autres, que tu es dans l'unanime harmonie une vibration souffrante dont l'accord total a besoin à cette heure, que tu te dois de donner cette harmonie car ta volonté seule peut la rendre sonore et que le refus de ta volonté priverait peut-être un autre être d'un secours… il en est tant qui attendent, et même si tu attends, sois heureuse d'aider les autres à saisir leur tour.

Je vais tâcher de t'écrire souvent tant que tu seras dans cette mauvaise période, mais mon livre paraît le 25 et le 15 je commence ma tournée, aussi tu excuseras mes petits billets. Surtout toutes les fois où tu seras très triste et où tu ne voudras affliger aucun des tiens n'hésite pas à t'adresser à moi, tu sais que je te suis dévouée absolument.

Bien fidèlement à toi

Madeleine

84

Lettre du 28 février 1927 à Louise Salonne

*Madeleine évoque un « beaucoup trop long silence » :
six semaines depuis sa précédente lettre du 11 janvier.*

28 février 1927

Chère bonne Louise,

Je me suis vertement accusée quand j'ai reçu ton petit mot. Si tu es passée à Paris sans me faire signe c'est que tu étais peut-être fâchée de mon trop, beaucoup trop long silence et tu n'avais pas tort. Mais vois-tu cette année je suis écrasée de soucis graves et en plus de cela de mille et mille préoccupations pratiques qui dévorent mon temps. Depuis trois jours je recommence enfin à travailler et ce n'est pas du luxe. Tu ne me dis rien de ta santé ma chérie et c'est très mal. Moi j'ai été patraque, poussée de fièvre sans motifs si ce n'est peut-être un manque de patience morale. Enfin ça va mieux et je coupe au tant redoutable médecin. Je t'écrirai sans faute longuement cette semaine, en attendant rapidement je t'embrasse comme je t'aime bien fort.

Madeleine

Lettre du 1ᵉʳ avril 1927 à Louise Salonne

« Le Temps de Dieu », ouvrage qu'elle cherche à faire publier, pourrait être « l'essai sur l'art et la mystique » dont il est question dans sa lettre du 8 octobre 1926.

Paris, 1ᵉʳ avril 1927

Ma grande Louise,

Ta longue lettre fut la bienvenue et comme par un surprenant hasard ma matinée me laisse quelque loisir, je ne saurais mieux l'utiliser qu'en venant près de toi me chauffer à ton soleil qui me sera doux à côté d'une horrible et persistante pluie qui s'acharne après nous. Je suis contente de te savoir emballée par le pays où tu gîtes et je crois en effet que toutes ces vieilles cités lépreuses du grand soleil, doivent offrir à tes pinceaux de belles tranches de pittoresque et certes le pittoresque est l'un des plus séduisants de ces divertissements dont Pascal nous a parlé. J'ai hâte de voir tes œuvres, doublement, puisqu'il serait assez difficile que je les voie sans toi et que j'ai au moins une aussi grande hâte de te revoir.

« La Route » se déroule paisiblement. Les articles de critiques viennent lentement mais sont meilleurs que je ne le pensais. Les gens ont bien de l'indulgence! À côté de cela j'ai mon ouvrage de cet été « Le Temps de Dieu » qui vient d'être refusé chez Plon, j'essaie maintenant chez Spes. Lemerre qui édite La Route ne me paraissant pas indiqué pour ce genre-là. Patience et longueur de temps… dit la durable sagesse des fables et après tout la littérature n'est-elle pas au fond, du moins celle qui n'est que littérature, l'une des plus radieuses vanités des vanités. Si un livre ne paraît pas, c'est qu'il n'avait pas de bien à faire. L'effort se convertira en d'autres moissons.

Je viens de me gaver de Barrès qui est un être bien emballant mais qui cultive un « moi » redoutable d'orgueil et de sensualité. Mais quel attrait! J'ai lu aussi beaucoup de Mauriac qui a un rude et dangereux talent. Un peu de Cocteau. Comme ouvrage sérieux outre Barrès et Psichari sur lesquels je prépare une étude je lis et Grâces soient rendues! J'ai presque fini la Psychologie d'un cours de philosophie. Les châteaux de l'âme de Ste Thérèse. Dieu de St Thomas d'Aquin. Sur ma table de travail j'ai installé mes idoles de papier, de gauche à droite : St Jean de la Croix, Ste Thérèse, la Bible (pas une idole), Bossuet, St Thomas, Ste Catherine de Sienne, Henri Suzo, Pascal, l'Imitation, Racine, Valéry, St François, Villon, Psichari, Péguy, Claudel, Baudelaire. Au-dessus de ma table un paysage de Léon Félix d'un pays que j'aime beaucoup, un vieil « agnus dei », un dessin de Servaes d'un moine, et des mains jointes de Dürer encadrant un Christ du même Servaes. Je ne crois pas que j'avais installé tout ça l'an passé. Je te dis ces petites choses d'abord parce que je suis un peu fatiguée et puis parce qu'il me semble que nous serons ainsi moins lointaines. Sur ma table aussi un morceau de marbre du Parthénon. Laisse-moi te dire, mon amie, que je voudrais en ce moment être à côté de toi – c'est un peu puéril de ma part car on n'agit pas par soi-même et Celui par qui on agit ne connaît ni le lieu ni le temps. Je devrais te gronder de penser que j'ai quelque chose à excuser dans ta lettre. Tu es confiante avec moi et je t'en sais gré infiniment, douloureusement aussi. On ne rencontre pas impunément une âme qui souffre. On a en face d'elle un mandat absolu à remplir, message d'amour et de secours, et ce message ne peut être rempli qu'avec l'aide toute-puissante. Cette aide ne s'achète que par la souffrance. Et bien, ma chérie, je me prends à désirer d'être près de toi, j'ai cette étrange pensée que des mots pourraient te faire du bien, comme si les mots par eux-mêmes pouvaient quelque chose. Mais sache bien une chose : c'est que je sais ce que sont certains états de l'âme pour les avoir traversés et pour en avoir gardé un souvenir crucifiant. Je sais qu'il y a certains vides, certaines débâcles plus atroces que les pires coups, et que le premier regard lucide jeté sur ce vide est une révélation que l'on voudrait n'avoir jamais vécue. C'est une sorte d'axe qui se retire et tout s'effondre, et la pauvre âme est comme une boussole à qui le Nord manquerait et qui affolée ne trouverait plus l'immobilité bienheureuse. Et parce que je connais cet état épouvantable, crois bien, ma chérie, que, de toute mon âme, je suis à côté de toi, que je prie pour toi et que je te donnerai tout ce que je puis, d'affection, de pauvres paroles, et de prières pour t'aider à revenir au seul pays où l'on demeure : les autres sont intolérables.

De tout mon cœur je t'embrasse.

Ta vieille

Madeleine

Lettre du Vendredi saint 15 avril 1927 à sa mère

Cette lettre se trouve à l'intérieur d'une enveloppe sur laquelle il est écrit « Pour maman ». Christine de Bois- marmin témoignera plus tard dans sa biographie [3] que Madeleine renonce à un projet d'entrer au Carmel.

Vendredi Saint 1927

Ma Miou aimée,

Après des jours de réflexions, de prière et d'épreuve, je suis certaine de faire la volonté de notre même Maître en restant à travailler pour Lui dans le monde.

Je te promets donc, sur le Christ, de ne jamais te quitter.

Soyons bien heureuses toutes les deux
et aidons-nous, ma Maman.

Madeleine

Lettre du jeudi de Pâques, 21 avril 1927 à sa mère

Lettre écrite depuis Arcachon, où Madeleine se rendit en vacances au cours de l'été 1923, chez le docteur Armaingaud, avec son filleul, Jean Maydieu. Elle lui était quasi fiancée en septembre 1923 avant son brusque éloignement en octobre. Ce qu'elle écrit à sa mère est la seule référence directe à Jean qu'elle fasse dans ses lettres.

D'autre part, la mention « ces jours de janvier où j'ai souffert… » correspond peut-être à une période d'intenses difficultés personnelles qui l'a réduite au silence même vis-à-vis de sa correspondante la plus proche, Louise Salonne, qu'elle laisse sans nouvelles pendant un mois et demi (voir ci-dessus la lettre du 28 février 1927).

Jeudi de Pâques 1927

Ma Maman aimée,

Depuis que je suis ici, je veux t'écrire cette lettre pour te dire ce que j'aurais voulu te dire l'autre soir et que toujours aussi bête je n'ai pas pu.

Vois-tu maman chérie, quelle que soit la souffrance que tu aies portée durant ces mois, tu ne dois pas le regretter car elle était nécessaire. Si je ne t'avais pas aimée comme je t'aime, c'est-à-dire plus que **tout** au monde, jamais je n'aurais pensé à partir à cause de ta vie. Mais t'aimant avec une telle ferveur, j'avais peur de cet égoïsme qui se glisse partout. Après ces jours de janvier où j'ai souffert moi aussi **plus** que je n'avais *jamais* souffert, j'ai tant prié que Dieu a bien voulu que je voie clair. Ce grand calme dans lequel je suis maintenant me montre mieux que tout que je ne me suis pas trompée. Mais comprends bien que si nous n'avions pas vécu ces heures terribles, un doute aurait pu toujours me suivre. Soyons heureuses pleinement ma maman. Pleinement vois-tu car je ne vois nulle possibilité de douleur pour nous maintenant. Nous établirons notre bonheur de telle sorte que chaque jour en soit une pierre nouvelle. Nous serons tellement ensemble que nous nous appliquerons à habiter le même pays spirituel. Le Christ a dit : « Il y a beaucoup de demeures dans la maison de mon Père » et nous demanderons la meilleure qu'il nous soit possible d'avoir, et toutes les deux, bien appuyées l'une sur l'autre nous gravirons cette route qui monte tant.

Vois-tu maman, je te remercie de tout mon cœur de me laisser organiser ma vie comme je le voudrai. Je la vois sous un angle un peu aigu et si je suis heureuse de demeurer tout près de toi c'est parce que je sais que je pourrai y être aussi en dehors du monde qu'ailleurs, si ce n'est dans le monde de la charité. Il y a des préjugés d'égoïsme, une charpente de mensonges dans notre société à laquelle je ne puis me soumettre sans renier ce que j'ai de plus profond dans l'âme.

Dans ce pays où j'ai été une fois très heureuse, aussi heureuse qu'on peut l'être humainement, je suis émue de porter ma grande joie qui elle est infiniment plus grande et je bénis Dieu qui a bien voulu me réserver cette part. Le P. Sanson dirait que Dieu est celui qui se donne éternellement, notre but doit être de devenir un avec Lui et de nous donner en Lui à tous les autres : y a-t-il un but plus haut dans le monde et n'ai-je pas raison de trembler en pensant que nous aurions pu manquer tragiquement notre vie Jean comme moi ? Nous étions faits pour autre chose et le réveil aurait pu être terrible. Maman aimée toi aussi tu as beaucoup, et beaucoup plus souffert, toi non plus il ne faut rien regretter. J'ai quelquefois pensé à l'âme qui par ses douleurs m'avait valu de retrouver Dieu et je l'ai remerciée dans mes prières. N'est-ce pas toi, cette âme, maman, toi qui me confiais à Dieu quand j'étais encore dans toi ?

Je suis bien, bien heureuse, ma maman, sois-le comme telle aussi,

Ta
Madeleine

Lettre du 21 mai 1927 à Louise Salonne

Louise l'avait prévenue de son passage à Paris et Made-leine ne s'en rend compte que le jour même.

21 mai 1927

Ma chère grande,

Je suis navrée ! Après de très violentes émotions de santé et une grande dépression qui suivit, je relis

92

ta lettre pour savoir la date de ton passage et je vois celle d'aujourd'hui. J'ignore où te trouver ici et à tout hasard, comptant sur un changement de programme je t'envoie ce mot à Villefranche. Maman épuisée allait partir seule pour Arcachon faire une cure de repos quand papa a été pris le 1er mai de douleurs affreuses qui après 5 jours et 5 nuits de torture ont été identifiées. Il avait un abcès au rectum, presque dans le bassin et gros comme une orange. On a dû l'opérer. Juge dans son état habituel de santé ce que cela pouvait être et maman à soigner elle aussi. De plus j'avais, sans que ma famille le sache, des névralgies dans une jambe qui m'empêchaient presque de marcher. J'attendais un peu de calme pour me soigner. J'espère que tu me pardonneras et que tu recevras à temps ces lignes.

Je t'embrasse comme je t'aime

Madeleine

Lettre du 23 mai 1927 à Louise Salonne

La lettre du 21 est partie vers Villefranche. Entretemps, Louise a dû se manifester après le rendez-vous manqué. Par correspondance pneumatique, Madeleine lui propose un autre rendez-vous.

lundi

Ma grande Louise,

Une lettre de moi doit te suivre. Je t'y explique les raisons de mon silence (maladie de maman et opération de papa). Tout va mieux maintenant.

Veux-tu me faire le *grand* plaisir de déjeuner à la maison demain matin ou après-demain ? Si la chose était *impossible,* je serai demain à 1 h ½ au musée du Luxembourg devant la porte. Mais tâche de venir déjeuner et nous sortirions ensuite.

Fixe-moi par un pneu *78 place St Jacques.*

Je t'embrasse.

Ta vieille

Madeleine

Lettre du printemps 1927 à Louise Salonne

La rencontre des deux amies n'a finalement pas pu avoir lieu lors du passage de Louise à Paris (ce qui date cette lettre de tout à fait fin mai ou début juin). Made-

leine écrit donc plus longuement à son amie pour lui donner des nouvelles.

Ma grande Louise,

Mieux vaut tard que jamais, cette lettre en est l'humble preuve. Un beau soleil très désiré à travers trop d'averses me fait penser à toi qui dois royalement en jouir dans ce pays que j'imagine trop aimable pour mon propre goût. Si je rêve quelquefois de ce midi-est c'est le Roussillon tout grillé ou les villes [illisible] de l'Italie du Nord que je vois et où j'aimerais être seule un peu de temps. Je fais le projet, un projet vieux de deux ans et que je comptais réaliser ce mois-ci si les fonds ne m'avaient manqué, d'aller à Vézelay voir cette admirable Madeleine romane fervente et robuste. J'espère que je pourrai m'y risquer en avril. Pour Pâques je vais aller à Arcachon. Au retour je compte passer par Bourges pour voir la cathédrale. Chers pèlerinages que j'aime toujours quoiqu'avec une ferveur plus réfléchie et moins idolâtre qu'en des temps déjà vieux, où j'allais de cathédrale en cathédrale savourer et fortifier une foi très jeune. C'était le temps des couvents de Bénédictines du plain-chant, de Pascal, dans une atmosphère de jeunesse retrouvée, de vie claire. Ce temps-là je le vois maintenant très au loin avec beaucoup de douceur comme peut-être une femme comblée par la vie, femme et mère et heureuse, retrouverait dans ses souvenirs les premiers jours d'amour, faciles, vides de tout autre chose que de concordances mystérieuses. Ma vie est autre, lourde à écraser quelquefois, mais infiniment plus radieuse et je l'espère féconde.

Je ne peux décidément pas écrire sans radoter même à la course comme je le fais aujourd'hui.

Je voudrais savoir ce que tu fais là-bas. Je pourrais ainsi te parler de toi. Mais tu flottes dans un pays que je ne connais pas, avec une vie que j'ignore, un état d'âme que je ne devine pas. Je regrette infiniment de ne pas t'avoir vue à ton passage à Paris. J'aurais été si heureuse de t'embrasser. Mais je te l'ai dit c'est de ma faute.

Au revoir, ma grande. Je t'embrasse mille fois.

Ta
Madeleine

Lettre du 2 juillet 1927 à Louise Salonne

Rebondissement : les deux amies se sont tout de même rencontrées.

Thônes 2 juillet 1927

Chère grande,

Ta longue lettre m'a fait plaisir d'autant que je commençais à être inquiète de ton silence. Me voici rassurée et dès le calme des vacances ressaisi je viens bavarder avec toi, lointaine et bretonne amie. Pour l'instant je gîte en pleines Alpes, dans une vallée qui semble absolument perdue, à 22 km d'Annecy. Thônes est complètement encerclé de montagnes de rocs et de sapins. Certaines couvertes de neige, se mettent en dehors du Temps et nous donnent une salutaire leçon. Depuis trois jours j'ai pris mes habitudes de liberté qui consistent en une règle du temps aussi absolue que possible, ce qui m'est délectable à côté de ces affreux imprévus inutiles qui mutilent les journées parisiennes même très volontairement organisées. On est vraiment séparés du monde ici et face à face avec ces dramatiques montagnes, tellement tragiques, tellement humaines. La mer est moins compatissante, moins fraternelle. Elle est un idéal de rectitude et d'obéissance. La montagne est une blessée de quelque insurrection inconnue, ou paraît du moins en être la figure. Il est bon en tout cas de la considérer ainsi : elle devient maîtresse de résignation, d'organisation dans le chaos. Et y a-t-il chaos plus incroyable que l'être humain, où des agents de toutes sortes aient plus besoin d'intervenir pour lui rendre une forme esthétique ? Mais c'est là verbiage. Je suis heureuse de te savoir dans ta douce atmosphère de là-bas et je suis sûre que d'autres huiles en sortiront tout aussi savoureuses que cette claire maquette que j'ai déjà vue et que je n'ai pas oubliée pas plus d'ailleurs que les aquarelles dont j'ai beaucoup aimé certaines. J'ai regretté beaucoup de choses après ta visite. Je n'ai pas su te parler comme j'aurais voulu. Excuse une gêne souvent insurmontable d'aborder certains sujets. Nous devions faire une visite à ton âme. Stupidement je suis restée à la porte. Ne m'en veuille pas. Ne me taxe pas d'indifférence. Ris un peu de ma stupidité.

Je voudrais beaucoup travailler ici. Mais vais-je pouvoir je ne sais. L'état de travail est tellement variable, incompréhensible.

Allons, ma grande, écris-moi vite. Je pourrais t'écrire souvent ces vacances.

Je t'embrasse.

Ta vieille

Madeleine

chez Mme Lafrasse
Av. du Vieux Pont
Thônes
Hte Savoie

Lettre du 11 septembre 1927 à Louise Salonne

Madeleine séjourne à Mussidan, chez sa tante Mme Mocquet-Junière. Après le projet de voyage à Vézelay qu'elle avait annoncé au printemps (nous ne savons pas si elle l'a réalisé), voici qu'elle a pu se rendre à la Sainte-Baume, l'autre haut lieu de France dédié à sa patronne Marie-Madeleine. L'amie qu'elle est allée voir dans un monastère (p. 100) est Hélène Jung (cf. p. 70).

Mussidan le 11 septembre 1927

Ma grande Louise,

Comme je suis en retard avec toi, et comme j'en ai du remords! Crois bien, mon amie, que ce silence n'était pas de l'oubli : chaque jour je pense à toi, très particulièrement. Mais, vois-tu, tu le sais, la bousculade règne dans la vie, ou nous la laissons régner, comme tu voudras. Nous avons dû partir brusquement de Savoie mon père ayant eu là-bas une rechute qui nous a fait très peur, sans gravité heureusement. Nous avons fait halte à Paris durant quinze jours et c'est là que ta lettre est venue me trouver. Je l'ai lue avec l'intérêt que je trouve à tout ce qui me vient de toi. Je me suis réjouie de te voir regarder à nouveau vers la médecine et je désire que tu puisses t'y adonner. Mais, si des empêchements s'y opposent, ta peinture te donnera de précieuses compensations : l'art est une forme de la charité puisqu'il nous arrache à nous-même.

Iras-tu dans le midi cette année ? Je serais bien contente de le savoir, mais plus encore d'apprendre un séjour un peu long à Paris. Mais, surtout écoute bien les médecins, nous avons la vue bien trop courte pour savoir ce qui nous est bon et des voies bien imprévues nous mènent souvent au meilleur.

Je m'aperçois que me voici loin du Mont St Michel ! Il est vrai que je le suis réellement puisque depuis quinze jours passés je respire l'air natal. En effet après un séjour assez court à Quiberon, j'ai laissé mes amis aller seuls vers le Mont et suis venue directement retrouver mes parents ici. Je suis patraque ces vacances et j'ai reculé lâchement devant la fatigue. J'ai pensé, ma vieille Louise, que tu ne m'en voudrais pas !

Moi aussi, j'ai fait connaissance avec le plein midi et j'ai été complètement vaincue par lui. Une de mes amies passe quelques mois dans un monastère, dans la chaîne de la Ste-Baume, et de Thônes je suis allée la voir. Je n'ai jamais vu une chose *plus belle* que la montée de Marseille (en car !) à la Sainte-Baume.

C'est véritablement un paysage définitif où rien ne semble devoir changer. L'accidentel a été dévoré par un impitoyable soleil, il ne reste que le permanent. Des pins, d'abord, des rochers et des herbes sèches. Puis les pins disparaissent, et puis les herbes, et on arrive a des rochers seuls que la lumière simplifie encore. C'est un dépouillement parfait. Dans un coin de ce pays, très haut, il y a la grotte où, selon la légende, Marie-Madeleine a vécu dans la pénitence avant de mourir.

À quatre kilomètres de cette grotte, sur la crête d'une de ces montagnes dont je te parle et dont rien ne peut dire la magnificence des lignes, se trouve le monastère où j'étais. C'est une œuvre splendidement chrétienne. Les Dominicaines cloîtrées et contemplatives accueillent parmi elles des femmes sortant de prison, d'autres qui ont péché. Au bout d'une sorte de régénération celles, et elles sont nombreuses, qui préfèrent la vie complètement religieuse sont envoyées au Noviciat. Dès qu'elles y pénètrent, nul ne doit savoir si elles ont un passé sali ou si elles sont innocentes, réparatrices ou rachetées. Personne, exceptée la Prieure, ne doit sous peine de punition recevoir leurs aveux et le même costume noir et blanc les identifie les unes aux autres. J'ai passé là-bas de belles heures. L'ordre dominicain a une belle et forte liturgie, un esprit clair, viril, que j'aime bien.

En dehors de ce voyage, j'ai vu aussi un grand morceau des Alpes, mais la Savoie paraît enfantine à côté des masses synthétiques, presque spirituelles de Provence. J'ai beaucoup travaillé.

Nous sommes de nouveau inquiètes de mon père qui rechute encore depuis deux jours. Il souffre beaucoup et son courage surmonte des moments bien noirs. Toujours et partout la souffrance que, malgré notre douleur de la voir sur les nôtres, nous devons appeler bienheureuse. Comment sans elle se façonnerait donc notre pauvre âme si enlisée, si enterrée textuellement. Combien d'ensevelis vivants sont grâce à elle revenus à la lumière. Quelle joie pour ceux qui souffrent de se dire qu'ils peuvent aider à cette résurrection ou à la leur.

Je te quitte, mon amie, il est tard et on me gronderait de prolonger cette bonne veillée avec toi.

Mon sympathique souvenir à ta chère sœur, à sa poupée un baiser.

Pour toi, ma grande, la profonde, très profonde amitié que tu sais.

Madeleine

Jusqu'au 1er octobre :
chez Mme Mocquet-Junière
Mussidan
Dordogne

Lettre du 15 novembre 1927 à Louise Salonne

*Le programme de conférences indique une participa-
tion active de Madeleine à un cercle d'étudiantes catholiques, dans son quartier du quatorzième arrondissement
de Paris. Nous apprendrons par la lettre du 11 janvier
1928 que Madeleine est elle-même chargée de la conférence du 17 février sur « le symbolisme et la poésie ». Elle
côtoie un artiste renommé producteur d'œuvres religieuses :
Maurice Denis, et un héros de la guerre de 14, le général
Weygand.*

Paris 15 novembre 1927

Ma grande Louise,

Je reçois ta lettre il y a un instant et comme les
loisirs ne me manquent pas je te réponds tout de suite.
Je ne sais pas si je t'avais dit que papa a été encore
opéré au début d'octobre : il ne se lève pas encore.
Quant à moi, très patraque je suis allée à la radio et
on a diagnostiqué de l'appendicite chronique. J'ai été
opérée le 4 de ce mois et suis rentrée de la clinique il
y a seulement trois jours. Je me lève aujourd'hui pour
la première fois, mais je suis encore très faible. J'ai lu
avec l'intérêt que je trouve à tout ce qui te concerne
ta longue lettre, mais le prospectus [4] était absent! Je
suis contente que tu aies retrouvé cette artiste, tu dois
généreusement partager sa joie d'ouvrière du beau.
C'est une si grande grâce de Dieu que de côtoyer des

âmes toutes tendues vers lui qu'elles le nomment de son nom total ou de ses noms partiels qui sont Beauté, Bonté, Harmonie, Connaissance.

Je ne t'avais pas remerciée de ton souvenir. Tu sais combien j'aime ce que tu fais et que ce sera pour moi un vrai plaisir d'avoir une chose de toi. Pour me la donner, fais comme tu croiras, soit l'envoyer soit me la porter quand tu viendras à Paris. Tiens-moi au courant de ton affaire de radio. Est-ce pour Paris? Je laisse cette lettre bien peu nourrissante mais je n'écris qu'avec difficulté.

Je t'embrasse, ma grande, de tout mon cœur, très près de toi chaque jour et qui te désire tant de choses.

Ta
Madeleine

Lettre de décembre? 1927? à Louise Salonne

Je n'ose t'envoyer ce mot ridicule. J'ai fini ma lettre brusquement et sans te remercier de tes bois!!!!!

Mea culpa…

Mea culpa.

Mais ma pauvre tête est si pleine de choses plus ou moins gaies que je deviens un peu détraquée.

Je t'en prie, ne m'en veuille pas et merci mille et mille fois.

Ta Madeles

104

Lettre du 11 janvier 1928 à Louise Salonne

Madeleine annonce à son amie qu'elle travaille depuis l'été à un recueil de poèmes. Est-ce celui qu'elle intitulera « Les Compatissants » ou faut-il le rapprocher du poème transcrit dans la lettre qu'elle écrira dans quatre jours, le 15 ?

« La Grande Chaumière » est l'atelier que Madeleine fréquentait avec Louise.

Paris le 11 janvier 1928

Ma grande Louise,

La carte de ta sœur m'arrive ce matin : remercie-la sans plus tarder de m'avoir prévenue de ta maladie. Je suis bourrelée de remords de ne pas t'avoir écrit ces temps-ci. C'est que, vois-tu j'ai repris ma vie coutumière et mon temps est toujours trop court. Et puis je désirais t'écrire longuement et j'avais laissé passer l'affluence des lettres de fin d'année. Je suis tout à fait navrée, ma pauvre amie de te savoir encore prise du côté de ta santé, et que cet accro grippal vienne encore gêner tes projets. Tant que tu seras en convalescence je t'écrirai deux fois par semaine pour tenter de te faire tuer un peu le temps. Mais, voilà, que te raconter ? Je deviens bien vaseuse d'esprit ces temps-ci et anti-intellectuelle. Très patraque encore, je peux tout de même reprendre mes enfants. J'ai recommencé à travailler au livre de poèmes commencé cet été : je t'envoie un

105

spécimen à titre d'exemple. Il y aura je crois une bonne part, tirée de tout ce que Paris roule, Paris et la vie, d'humblement douloureux. Un tout petit morceau de la grande douleur, tellement mêlée à tout, révoltante pour les uns, bonne comme le pain pour les autres. Elle est au fond le grand problème où presque tous les autres se ramènent. Et ils me font rire tous ces puissants esprits qui se « pippent » ou s'aplatissent devant elle, les uns pour dire qu'elle n'existe pas, les autres pour faire devant elle les zigzags les plus subtils. Quelle drôle de comédie pas drôle et quelle drôle de lettre de malade je t'envoie là! Je devrais te raconter mille petites choses récréatives! mais je n'en connais pas beaucoup. Je suis allée l'autre jour à l'atelier pour porter mes vœux au Patron que je n'ai d'ailleurs pas trouvé. Je n'ai vu que bien peu de figures connues; Rousseau se marie, paraît-il, avec une des Ernest; Noël est marié; Imel toujours là; j'ai aperçu Le Brecquir; Marguerite Galy vient de revenir à Paris, c'est une bien charmante et bonne amie; Lheureux toujours au poste et massier, Madeleine Degny est maman d'une petite fille : Claire. J'ai vu Cario qui dessine toujours. Alexandresco que je n'ai pas revue ces temps-ci est, paraît-il, chargée par une revue de son pays, de faire une étude sur l'enseignement actuel des académies de Paris. Elle est en ce moment chez Rançon.

Je t'envoie ci-joint un programme de notre cercle d'Étudiantes [5]. On m'a donné le super : « Le Symbolisme dans la poésie ». Il y a là-dedans bien des choses belles à approfondir. Les Psaumes! Quel magnifique champ d'étude. La vie y bat tellement. Et les Rites, langue universelle, elle aussi si pleine de vie. Et la poésie liturgique! Rien que les Litanies de la Vierge

« Vaisseau Spirituel » c'est-à-dire, vase de l'esprit, parole si belle, si à nous, si proche du grand « Et Verbum caro factum est et habitavit in nobis », car le Verbe habite en chacun de nous, nous sommes des vases spirituels, et tout ce que nous sommes n'a pas beaucoup d'importance à côté de ce que nous possédons. Allons, mon vieux, je déraille, mais tu sais comment ma vie a été faite par Dieu un peu en dehors, et j'ai du mal à parler beaucoup de ces choses qui ne font pas réellement partie de ma vie. En parler banalement, oui. Mais avec toi que j'aime bien, je parle tout à fait à cœur. Tu me pardonnes, n'est-ce pas…

Ton voyage dans le midi tient-il toujours ? J'étais heureuse à la pensée que tu connaîtrais la Sainte-Baume, c'est un pays qui est tellement mien, par affinités spirituelles.

Que fais-tu, ma grande, sans travail ? Si des livres te faisaient plaisir, dis à ta sœur de me le faire savoir par un mot, je t'enverrais immédiatement quelques bouquins. Connais-tu Claudel ? Si non, je t'enverrai quelques ouvrages. Il y a de bien magnifiques pages, et des lignes flamboyantes.

Voila ma chérie, tout ce que je vois à te raconter aujourd'hui. Je t'enverrai un autre bavardage samedi.

Comme ta maman et ta sœur doivent être heureuses de te voir remise après tant de mauvaises heures qu'elles ont passées depuis plusieurs années.

Heureusement que ta petite nièce est là pour vous donner sa joie intacte.

Au revoir, ma grande, bon courage, je t'embrasse.
Quand tu seras bien écris-le moi,

Ta
Madeleine

Lettre du 15 janvier 1928 à Louise Salonne

Dimanche 15 janvier 1928

Ma grande,

Hier impossible de t'envoyer ce mot. La vie est si trépidante ici, extérieurement! Je ne fais jamais de visites mais beaucoup d'attentions reçues pendant mon opération m'obligent à des remerciements. Ouf! c'est à peu près fini : et personnellement je ne m'en plains pas.

Tant que j'y songe voici un poème :

Grise de soir, d'essence et de vieil âge
Est cette rue où vous marchez, ma sœur,
Je ne vois de votre visage
Qu'un lourd menton buté dans la douleur
Des cheveux durs, masse aride et rongée
Un morceau de chair ravagée
Où vous avez beaucoup pleuré ma sœur.

Vous soulevez vos épaisses chevilles

Sur le ciment chaud du trottoir
Les galons de vos espadrilles
Font remuer votre tablier noir.
Morte animée et si lourde de peine
Seuls vos deux bras vivent en vous ma sœur
Et vous portez sur eux une chose de laine
Chaude et vivante où bouge un cœur.

Quand paraîtra, Seigneur, devant ta face,
Ma Sœur qui fut et douce, et morne, et lasse
Dans cette rue où vous marchez ce soir,
Ma Sœur qui fut humblement pécheresse
Et qui porta sans joie et sans détresse
Son corps honteux sous un tablier noir ;

Ne vois Seigneur sa rare chevelure
Les traits mangés de sa grande figure
Son lourd menton buté dans la douleur
Ne te souviens des épaisses chevilles
Qui soulevaient de sourdes espadrilles
Sur le ciment craquelé de chaleur,

Mais daigne voir cette chose de laine
Chose battante et d'âme toute pleine
Sur deux bras durs et par elle pliés,
Lorsque ma Sœur sera devant ta face
Dieu de nous deux, daigne lui faire grâce
En regardant ses bras purifiés.

Tu vois dans cet exemple, et c'est beaucoup plus saillant dans d'autres, que je m'émancipe et tourne à la poésie libre. J'aime beaucoup cette matière de travail souple et malléable.

T'ai-je parlé d'une femme sculpteur dont j'ai fait la connaissance? Si oui excuse-moi, mais au cas contraire je t'en parle. C'est une israélite convertie il y a quelques années. Elle travaille pour l'Art Catholique et a fait de bien belles choses. Elle vient d'achever une « Pietà » qui est la plus belle que j'ai vue depuis bien longtemps. Une douleur si absolue et souverainement calme. Elle a fait aussi une série de saints dominicains pour le noviciat du Saulchoir, et un St Dominique jeune et fort. Et puis aussi une suite de portraits tous bien beaux où l'essentiel est dit. Quand tu viendras je te présenterai à elle. C'est une femme qui semble calme comme l'eau : sûre.

Comme je serais heureuse de te voir, ma petite Salonne. Je pense à toi tu sais et quand tu t'embêtes je t'autorise à penser que je te tiens compagnie.

Encore un mariage à t'apprendre : celui de Sartiaux. C'est Marguerite Galy qui m'a dit ça à une conférence du Foyer. J'y ai vu Le Brecquir. Cette conférence était d'ailleurs excellente, le meilleur exemplaire du genre conférence que je connaisse. René Benjamin la faisait sur Maurice Barrès. Je ne sais si tu as lu des choses de Benjamin, articles ou bouquins mais c'est un homme qui déborde d'esprit et sa conférence en était inondée. Ce qui ne l'empêchait pas de prendre aussi le sujet en profondeur : son Barrès était bien un type vivant. Il avait pris comme thème l'évolution de la pensée.

Je finis, à demain.

Lundi

Ta
Madeleine

Lettre du 17 janvier 1928 à Louise Salonne

Les lettres se succèdent à un rythme rapide, tous les deux ou trois jours.

Paris 17 janvier 1928

Ma grande,

Je commence cette lettre, quand je pourrai je la finirai ! Il fait un temps doux et gris, par ma fenêtre je vois les petits enfants sortir de classe. C'est te dire qu'il est onze heures et demie, et aussi que j'ai bien peu de choses à te raconter pour te faire ainsi du décor.

Je suis menacée d'un départ pour Bergerac ces jours-ci. Une tante de mon père, la seule parente qui lui reste, est frappée de paralysie, et souffre beaucoup moralement. Je crois que je serais la bienvenue près d'elle car elle est dans une maison de retraite sans aucun parent.

mercredi

Je reçois ton petit mot et il est tout à fait le bien-

112

venu. Maintenant tu tiens la bonne route. Je suis ravie que tu ne connaisses pas Claudel cela va me permettre de te faire faire sa connaissance. C'est d'ailleurs une tâche un peu redoutable car il est difficile d'accéder à lui, et le grand bonheur qu'on trouve près de lui est souvent payé par quelque peine préliminaire. Mais auparavant, je vais finir de te raconter la conférence Benjamin que j'ai laissée en panne l'autre jour. Trois étapes dans Barrès : culture du moi des autres par la culture de son moi, la députation, l'agrandissement et l'explication du moi par la race.

Le tout émaillé de portraits vus et de notations vivantes : le Barrès de l'inquiétude religieuse, de la « caste intellectuelle », le Barrès actif et fiévreux de la besogne d'écrivain. Je crois qu'il a dû beaucoup souffrir comme tous les sincères qui cherchent, incapables de leurres ou d'insatiété.

Je n'ai pas renoncé au classicisme, j'ai même travaillé dans ce sens cet été, mais je trouve que les sujets qui m'empoignent actuellement sont trop en lignes vivantes pour se plier aux vers réguliers qui sont essentiellement à mon avis poids et mesures. Je crois d'ailleurs que tout sujet choisit sa forme, j'ai souvent *subi* un rythme sans l'avoir voulu et sans pouvoir l'éviter.

Et maintenant je vais te parler de Claudel. Et d'abord ce qu'on en dit de mal :

Il est obscur.

C'est vrai qu'il peut paraître obscur, mais plus par excès de richesse que par hermétisme, et parce que, aussi, il vit intérieurement et très intensément et que les choses de l'âme ne trouvent pas toujours leur expression dans nos mots si enlisés dans la terre.

Il se présente à nous comme une force vive, une vraie force de vie, et si ceux qui aiment Claudel trouvent en lui quelque mystère, c'est justement celui, d'être si libéré de « moyens », d'amener la poésie sur cette extrême limite où elle n'est presque plus un signe, mais presque la chose qu'elle signifie.

On lui reproche ses vers qui n'en sont pas.

En effet il écrit en versets, et ce qu'il écrit ne pourrait guère je crois s'écrire en vers, il y aurait rupture d'équilibre. Le vers est en lui-même une chose trop définie : vouloir y couler une pensée aussi « illimitée » hors limite hors lieu que celle de Claudel, c'est vouloir une disproportion, à la pensée de Claudel qui est plus que vivante, presque vie, il faut une forme diverse, lui obéissant, devenant vie elle aussi. Si tu comprends quelque chose à tout cela tu auras vraiment des dispositions pour le nègre.

Maintenant voilà une succincte biographie. Très intellectuel et sans foi, Claudel entre un jour à Notre-Dame à 18 ans, pendant un office. À côté du gros pilier de droite, un coup de grâce terrible le terrasse. Il se débat pendant un an, se confesse, tombe sur un prêtre qui ne le comprend pas, demeure encore un an dans les tâtonnements puis c'est le grand pas et la conversion définitive. Depuis tu sais ambassadeur. Physiquement un homme puissamment carré, sentant la franche race paysanne, parlant âprement avec une lourde mâchoire. Il passe une longue part de ses jours à répondre à des quantités de lettres que de nouveaux Jacques Rivière lui écrivent pour chercher à se comprendre. C'est un apôtre. Prends ce Kyrie de lui :

Dieu qui êtes tout entier, Dieu qui êtes tout à la fois un seul nom en trois consonnes
Kyrie eleison
Principe en qui tout commence, fin à qui tout aboutit, présence à qui tout consonne
Kyrie eleison
Père qui êtes tout le Père, Source qui êtes ma source et chose par qui nous sommes
Kyrie eleison!

Fils qui êtes l'Énergie, le Verbe et la seconde Personne
Christe eleison!
Hypostase en qui se rejoint ce qui expie et ce qui pardonne
Christe eleison
Jésus qui êtes mort sur la croix pour le salut de tous les hommes
Christe eleison!

Esprit qui êtes la respiration ineffable entre les deux personnes
Kyrie eleison

Esprit qui comprenez tout, esprit en qui tout est
compris, esprit en qui tout se donne
Kyrie eleison
Fulminant qui touchez les montagnes, elles fument!
Majesté dans le ciel qui flambe qui tonne
Kyrie eleison [6].

Je t'embrasse ma grande. Mon lointain souvenir à
ta chère Sœur.

Madeleine

Lettre du 21 janvier 1928 à Louise Salonne

Paris 21 janvier 1928
Chère grande,
De nouveau un bout de conversation avec toi. Je
continue mon Claudel. Œuvres : Un bouquin de notations extrême-orientales : « La connaissance de l'Est ».
Du Théâtre : La Jeune fille Violaine, Annonce faite à
Marie, Tête d'Or, La Ville, Le Pain dur, le Père humilié,
l'Otage, le tout d'un plan extrêmement confus, excep-
tion faite de la Jeune fille V. et de l'Annonce. Mais des
« types » brutaux pétris dans de la grosse terre et sur
lesquels l'Esprit a soufflé. Enfin des poèmes, les poèmes
très chers : Corona benegnitatis Anni Dei, Feuilles de
Saints, et ces Odes d'une telle magnificence. J'allais
oublier la « Messe là-bas »! Je t'envoie ce morceau de

116

l'Otage, le Kyrie était de la « Messe là-bas ». Je t'envoie aussi un peu de la magnifique « Ste Thérèse » (Feuilles de Saints) [7]. Je t'enverrai dès que j'aurai l'occasion de sortir le « chemin de Croix » (Corona) et qui est paru à part : il me semble que tu l'aimeras. Hier au soir au Cercle, première Conférence du programme : le Symbolisme dans l'architecture. Conférence extrêmement bien, toute bourrée d'idées, d'une position d'esprit très déterminée et pas du tout embêtante ; suivie d'une discussion passionnée sur l'Art Roman et l'Art gothique ; la conférencière attaquait directement le roman, le trouvant l'expression d'un christianisme tronqué, ne révélant que l'esprit de pénitence, de renoncement et non la paix et la Joie apanage des églises gothiques. Comme j'ai une particulière tendresse pour le roman, j'ai bondi, de compagnie avec une amie pour la défense.

Je trouve que la paix romane est infiniment plus grande que la joie coloriée des églises à vitraux.

À tout monument gothique est attaché un souci « social » si je puis dire. C'est la vie, toute la vie, toute la rue qu'on exprime, et aussi toutes les aspirations intellectuelles ou curieuses. Il y a une saisissante harmonie entre Amiens et la Somme de St Thomas, c'est raisonnable, magnifiquement, c'est vrai, mais, par ce fait cela demeure fini. Le Roman, lui, sacrifie ; c'est le mur opaque entre le monde sensible et lui ; ami des symboles il laisse à la porte le réel pour traduire en images sensibles mais essentiellement imaginaires ou interprétées son souci ornemental. Quant au plan lui-même, il est sévère, sobre, proche de l'unité. Le plein cintre, plus près de terre c'est vrai que l'ogive, donne pourtant une impression d'infinité beaucoup plus profonde. Le Roman, pour moi, c'est la paix « qui surpasse toute mesure » ou pour parler plus exactement, c'est une image saisissante de cette paix.

La recherche de Dieu qu'exprime une cathédrale est une recherche éminemment active, toutes ces puissances de l'âme jouent la recherche de Dieu qu'exprime le Roman, est la recherche adorative « en esprit et en vérité », en humilité surtout, recherche passive dans la nuit certaine de la foi.

Au revoir, vieux. Ne m'oublie pas auprès de ta sœur, embrasse ta petite chérie.

Pour toi les baisers et toute l'amitié de ta

Madeleine

Lettre du 23 janvier 1928 à Louise Salonne

Marguerite Galy est une amie commune. On a appris dans la lettre du 17 janvier qu'elle fréquente, elle aussi, les Conférences du Cercle pascal *des étudiantes.*

Paris 23 janvier 1928

Ma bonne grande,

C'est trop gentil à ta sœur de m'avoir ainsi écrit.

Pour lui obéir je ne lui réponds pas, mais dis-lui bien merci, et dis-lui aussi combien m'ont fait plaisir ses deux poèmes si profondément parlés et si simples. Je les aime beaucoup. Travaille-t-elle malgré son rôle très doux, j'en suis sûre, de garde-malade près d'« Ouison » ?

Tableau de notre maison :

Mon père toujours dans un lit ;

Maman dans l'autre avec une fatigue nerveuse qui m'inquiète ;

Ma grand-mère, levée de ce matin qui va réoccuper le troisième tout à l'heure.

Je passe ma journée avec eux, avec quelques brèves fugues à ma chère « Meute », toute proche heureusement. Peu sûre du temps de demain je te griffonne ces lignes qui partiront mardi.

Je suis allée hier avec Marguerite Galy voir l'exposition d'Aubert. Il est aussi content de la vente que l'an passé. Je trouve qu'il est en progrès, il s'est éclairci. J'ai vu avec joie une place à arcades plantée de platanes. Comme je lui disais que cette place me rappelait Aubagne, un petit pays que j'ai traversé en revenant de la Ste-Baume, il m'a dit que ce tableau avait été fait à dix km de là. Malgré tout il reste beaucoup plus dessinateur que peintre ; il y a trop d'égalité dans les valeurs ; autant le trait essentiel jaillit dans certains dessins, autant rien n'accroche assez dans ses toiles.

Marguerite Galy prépare un salon.

Je suis contente de voir que tu attends sans frayeur

la petite opération que tu vas avoir à subir. Un de mes jeunes cousins y est passé il y a quelques années et je l'avais moi-même conduit à la clinique avec sa mère. C'est trois fois rien, et il se peut très bien que ton rétablissement soit considérablement hâté en acceptant cet ennui. Je t'envoie néanmoins toute ma sympathie d'intéressante opérée.

Mardi

Je reprends. Il est encore tôt, tout le monde ou presque dort dans la maison. Je reviens de la chère première Messe qui ressemble tellement à une veillée, avec les rues toutes noires, les vieux becs de gaz provinciaux, et les ombres tapageuses des ramasseurs de bourriers. On frôle des êtres qui sentent le chiffonnier et qu'on aime bien. On arrive. Le tabernacle est grand ouvert, et puis au bout d'un instant, une clochette lointaine qui approche : le prêtre et le Ciboire, le tabernacle fermé, la lampe allumée et toute l'église qui devient significative.

Revenons un peu à Claudel. Ce que j'aime en lui, vois-tu, c'est qu'il est un type sans demi-mesure, un type logique, logique dans le sens de cette phrase entendue : « Si l'on était logique on serait un mécréant ou un saint ! » Il n'est peut-être pas assez logique encore pour être un saint : que Dieu s'en arrange. Mais il a assez de logique pour comprendre ce que c'est que d'être un saint. Il n'est pas de ceux qui disent et ils sont légion « Dieu est à l'église et nous ne ferons point notre maison de la sienne : il faut vivre avec ses pareils »

(Jeune fille Violaine) mais il sait « qu'il y a des gens à qui pour être chrétiens des paroles n'ont pas suffi ; Et ils ont su que s'il est beau de souffrir c'est qu'il y va de sa vie » (Messe là-bas (? je crois)).

Il a dit encore :

« Le pain et le vin nous savons ce que cela veut dire ! Ce n'est pas pour rien que vous avez créé l'homme capable de mourir !

Il y a une voix en lui comme la mort et cela qui en lui tressaille et qui parle plus haut que l'avarice et le plaisir :

c'est l'idée qu'on a besoin de lui, et qu'on le veut et qu'il y a quelqu'un qui est capable de lui demander son être !

Ça, il n'y a pas un fils de la femme qui ne le comprenne et c'est beau et c'est, cela même sans doute jadis qui l'a obligé à naître !

Celui qui se croit maître de lui-même c'est qu'il n'a pas entendu l'appel terrible de la Patrie !

Tous ces gens qui vous refusent la foi, Seigneur si vous essayiez de leur demander la Vie [8]. »

Et d'ailleurs, c'est en général ce qui se passe dans toutes les âmes que le Bon Pasteur a ramenées.

Elles se sont tellement senties prises par la peau du cou et hissées sur des bras irrésistibles, que, toute habitude et routine étant définitivement chassées, elles jouent royalement et jettent leur vie entière aux pieds de Dieu, conscientes de ne rien donner, mais désirant au moins, ne rien garder absolument pour elles.

Je te parlerai la prochaine fois de l'optimisme de Claudel qui pour moi est un côté de son œuvre qui m'est particulièrement cher.

Je vais t'envoyer tout à l'heure le chemin de Croix, ce n'est pas un cadeau, c'est simplement une pensée.

Donne un bon morceau d'amitié à ta sœur. À toi ma grande une masse de baisers et toute la grande affection que tu sais.

Madeleine

Lettre du 30 janvier 1928 à Louise Salonne

Joie du scoutisme et préparatifs de la conférence qui est programmée pour le 17 février.

Le parallèle qu'elle fait entre les artistes et les chrétiens se retrouve dans « Les Compatissants », poèmes de cette époque et restés inédits à ce jour[9].

Biloul enseigne la peinture à la Grande Chaumière.

Paris 30 janvier 1928

Ma chère grande,

Ton petit mot m'a fait plus de plaisir que ne le laisserait supposer le bête retard de cette lettre. Mais, vois-tu, maman absente complique un peu mes journées et je n'ai pas trouvé le temps de t'écrire. Gronde-moi, je le mérite. J'espère que Viviane est remise de son rhume. Ici, c'est la grande mode et tout le monde pleure et mouche à qui mieux mieux. Hier, je suis allée au Bois avec ma Meute. Il faisait un temps magnifique jeune comme mes enfants. Quelle belle chose ce mouvement Scout et comme on se donne à lui avec joie. T'en ai-je parlé? Je prépare une conférence : tu sais, le symbolisme de la poésie. Voilà comment je vois la chose, tu me diras, quand *tu pourras* ton avis là-dessus. Les artistes (car je ne prendrai les poètes qu'à titre d'exemple, je trouve trop qu'il n'y a pas les arts mais l'Art, dit avec des mots différents) les artistes sont le peuple le plus religieux du monde : ils ont leur Dieu, leur morale et si je puis dire leur mystique.

Leur Dieu : il est essentiellement le Dieu inconnu dont parle St Paul, et moi je dis qu'il est le même. Ils le nomment par un des noms multiples qui désignent son incorruptible unité, ils le nomment Beauté, lui qui est la perfection de ce qui est beau comme celle de ce qui est vivant. Ils vont à lui par une route qui rejoint d'autres routes, celle de la Vérité, celle de l'amour, celle de la connaissance, car ces routes sont celles d'une montagne et se rejoignent toutes au sommet. Comme les plus religieux Chrétiens ils connaissent leur Dieu bien mieux par les déficiences de ses manifestations que par ce qu'il leur livre de lui-même. Ils repoussent ce qui n'a pas de part avec lui et ils disent : « c'est laid! » mais ce qui est beau dans une chose est de l'intraduisible. La définition de Platon « Le Beau est la Splendeur du *vrai* » n'est au fond compréhensible que par cette autre phrase de lui « C'est par le Beau que les choses belles sont belles », et c'est vraiment la seule explication de notre connaissance de la beauté. Comment expliquer autrement que nous nous agenouillions également devant la sérénité du Parthénon ou la violente révolte d'un Michel-Ange, qu'il y ait de la beauté presque immobile dans la paix, une autre toute meurtrie et douloureuse, sinon qu'au-dessus, qu'en dehors de toutes ces formes imparfaites et partielles de beauté, il y a le Beau immuable et souverain et que chaque beauté particulière n'existe qu'en proportion de sa participation ou ressemblance du beau total. Et remarque que tous les phénomènes religieux se rencontrent chez les artistes, sur un autre plan. Ils sont *inquiets* tant qu'ils ne trouvent pas la parfaite révélation et ils sont par là même éternellement inquiets puisque ce n'est pas par l'art qu'on *possède* Dieu, on voit simplement où il est. C'est le secret de cette colère « de l'âme » chez tous les créateurs devant l'œuvre qu'ils ont achevée et qui toujours les déçoit. Il y a *vocation,* appel irrésistible pour combien ? Il y a l'amour de la Beauté poussé quelquefois à un degré héroïque, on dirait que ces paroles seraient opportunes : « Celui qui aime son père ou sa mère plus que moi n'est pas digne de moi. »

Il y a aussi toute une morale de l'*Art.* Remarque qu'il y a des péchés propres aux artistes ou mieux *un* péché initial, un péché *originel.* Tous les péchés contre l'art ne sont au fond que les formes multiples d'un seul péché : la préférence de soi-même à la beauté. Qu'est-ce qu'un manque de sincérité, qu'une fausse harmonie, sinon une désobéissance à la beauté, la préférence d'une tentation bête de prétendue liberté ? Amuse-toi à comparer ce petit fait avec le dogme du péché originel, il y a des ressemblances très curieuses.

Mais dans cette morale il y a aussi des vertus. Foi. Cette foi en la beauté dont je parlais tout à l'heure, foi obscure autant que la nôtre puisque ce Dieu est invisible parfaitement. Espérance. Cette faim, dont je te parlais encore, cette faim de possession, véritablement miraculeuse puisque ni de terribles échecs et de dures méconnaissances n'ont pu quelquefois la déraciner.

Charité. Car il n'y a pas d'œuvre belle qui ait été faite sans amour, un amour qui comme tout amour a identifié dans une certaine mesure l'artiste et ce qui devait devenir l'œuvre d'art.

Il y a enfin une mystique de l'Art.

Souviens-toi de la théorie de Biloul : « D'abord voyez, et puis comprenez, et puis sentez. » Lire la nature d'abord, reproduire avec des mots ou avec des couleurs, lire comme dans un livre, comme on lit un chapitre de l'Évangile. Voir, comme dit Bil. Et puis méditer, comprendre dit Biloul, interpréter, pénétrer dans l'intimité des choses, méditer comme on médite une phrase de l'Évangile en toute humilité et sincérité.

Et puis prier, faire oraison, laisser là tout ce qui est regard pur, intelligence pure, être seulement « l'extrême pointe de l'âme », sentir dirait Biloul, mais ce n'est pas assez dire, vivre est le mot, comme les Saints vivent

Dieu, l'artiste arrivé à ce degré de son art vit une *image* de Dieu.

Mais parallèlement à cette ascension il y a ce que je pourrais appeler une ascèse qui la conditionne : cette foi dans la souffrance cette foi dans la rédemption par la douleur que nous avons, il est infiniment intéressant de la retrouver appliquée chez les artistes. Tout artiste est l'œuvre de la douleur, sa douleur donne de la beauté aux autres et même quelquefois, il sert d'intermédiaire, et c'est la douleur d'un autre qui en étant peinte ou exprimée par lui devient la cause de notre joie.

Je suis terrifiée par cette suite de divagations, que je t'envoie, ma pauvre grande, et en hâte je te dis au revoir et je te gronde de vouloir me gâter. Attends pour cela que je sois malade.

Amitiés vraies à ta sœur.

Ta
Madeleine

Lettre du 2 février 1928 à Louise Salonne

Jeudi 2 février

Ma grande,

Pardonne l'apparente infidélité de cette lettre un peu tardive, mais, vois-tu, maman prolonge son séjour et sur mes occupations coutumières se greffe hier et aujourd'hui une vente de charité! Aussi je ne t'envoie qu'un bref petit mot pour t'assurer de ma pensée, elle, fidèle et te promettre samedi une longue lettre si rien ne m'en empêche.

Je t'embrasse de tout mon cœur.

Ta vieille

Madeleine

Lettre du 6 février 1928 à Louise Salonne

Première expression d'un appel de la « Banlieue ».

Paris 6 février 1928

Ma grande Louise,

Comme quoi il ne faut jamais s'engager à rien, témoin cette lettre promise pour samedi! Mais, vois-tu, je suis absolument débordée. Depuis que maman est partie je ne sors absolument que pour ce qui a trait à ma meute et au Cercle du vendredi, et pourtant je n'ai pas pu écrire une ligne pour moi. Mon père m'absorbe beaucoup, un peu de temps à ma grand-mère, des visites indispensables à recevoir et les journées passent non pas inutiles car rien n'est inutile de ce qui nous est donné à faire, et ce que nous faisons ne se mesure pas selon nos pauvres et fausses mesures. Je me donne toujours beaucoup au scoutisme. On vient de me confier un nouveau poste qui me fait un peu peur mais qui doit je crois être très intéressant ; j'ai droit de regard et d'extension sur le Sud de Paris et la Banlieue… La Banlieue si tu savais ce que c'est pour moi et comme je désirerais ardemment y envoyer beaucoup de Cheftaines qui pourraient donner à des pauvres gosses drogués de haines apprises, une famille joyeuse et l'esprit de Charité. Cela prend beaucoup ma tête ces jours-ci, d'autant que je me sens bien loin d'être à la page. Mais, vois-tu, les pires imprudences peuvent être, chrétiennement parlant, de la prudence ; la prudence chrétienne c'est la foi en notre infirmité et en la toute-puissance de celui qui nous habite et qui nous meut. Il ne faut rien chercher et faire ce qu'il donne à faire, il ne le donne jamais sans la force nécessaire.

Tu me demandes quelle est mon église. C'est Saint-Dominique, une jeune et moderne église qui s'installe en forme de mosquée dans une rue presque pauvre. Des gens la trouvent jolie, d'autres laide, moi je n'en sais rien : je l'aime bien et voila tout. C'est que vois-tu, on commençait à la bâtir dans un temps où le Bon Pasteur ne m'avait pas chargée sur ses épaules. Elle était encore bien dépouillée, quand, lentement et tellement tendue d'espoir je suis venue à elle. Elle s'est embellie, elle s'est fortifiée, à mesure que je faisais le plus magnifique voyage qu'on puisse voir, vers la Maison du Père de famille. Elle est à deux pas de la maison, je traverse le boulevard St-Jacques, cinquante mètres dans la rue de la Tombe-Issoire et j'y suis. Rien que ce mince trajet est une mine à souvenirs. Je l'ai suivi de tant de manières. St-Dominique pour moi, c'est une invitation immobile à la reconnaissance. Dieu a été si bon pour moi et pour ceux que j'aime. Et puis St-Dominique c'est le noir et blanc : les deux seules choses utiles au monde : la charité et la douleur.

Mon vieux je t'embrasse comme je t'aime de tout mon cœur

Madeleine

Lettre du 8 février 1928 à Louise Salonne

Paris, 8 février 1928

Ma chère grande,

Voici une lettre presque à l'heure ! mais seulement commencée. Excuse-la par avance je suis à sec d'idées. Mais, cela n'a pas une grosse importance. Je crois tellement peu à la valeur intrinsèque de ce que nous pouvons dire ou faire. Quelqu'un pourvoit à tout, on ne nous demande que d'essayer. Maman rentre demain soir et j'en suis bien heureuse, j'espère qu'elle sera mieux et détendue, elle en avait si fort besoin. Je te disais dans une de mes dernières lettres que je te parlerai de l'optimisme de Claudel.

J'ai la tête trop vide aujourd'hui pour cela mais, puisque je n'ai rien à te dire je vais te parler de l'optimisme chrétien. Une vraie déception pour moi c'est de voir combien de Chrétiens dévalorisent pour ainsi dire, méconnaissent le magnifique trésor qui leur a été confié. On comprend tellement l'amertume du Christ répétant sans cesse « Homme de peu de foi ! ». Car vois-tu, il me semble que se devrait signifier une négation personnelle de la douleur, la douleur devrait n'être qu'un accident à côté de cette réalité triomphante d'un Dieu vivant en nous. Et ce Dieu que nous devons « aimer de tout notre cœur, de tout notre esprit, de toute notre âme », du moment qu'il vit avec nous, comment nous laisserait-il de la place pour un désir autre que son désir, un regret autre qu'une faim de lui. Certains Chrétiens ont même, comme je te le disais, fait de la douleur leur joie, tant ils cherchaient à se rendre conformes à celui qui fut l'homme des douleurs. Comment comprendre la grande misère des riches sans le savoir, misère aussi poignante que celle des pauvres ? T'ai-je dit quelquefois combien j'aime peu la résignation, elle est tellement loin de l'esprit de sacrifice. Elle lésine, elle donne de force ; l'esprit de sacrifice lui, est joie.

Qu'est-ce que je t'ai raconté là ! Je finis une journée de plus et je retrouve ma lettre inachevée. Pour qu'elle parte demain je la finis avec quelque hâte et je t'embrasse de toute mon affection.

Madeleine

Lettre du 11 février 1928 à Louise Salonne

Paris 11 février 1928

Ma bonne grande,

Une vilaine journée de pluie et de rafales vient de finir, comme toutes les autres dans la grande ignorance de la nuit. Voici les lignes habituelles et hâtives, qui comme à l'habitude ne diront pas grand-chose mais te porteront l'affection que tu sais. Lu ces jours-ci « la vraie vie de St Vincent de Paul » de Redier. Très vivant, très bien, pas du tout enduit de cosmétique. Comme cet homme essentiellement actif a été dégagé de lui-même et affermi dans la paix de Dieu. « Soyez plutôt pâtissant qu'agissant » écrivait-il à un de ses disciples. C'est une belle et sûre devise. Mon vieux, je suis décidément à sec d'idées et je me contente de t'embrasser de tout mon cœur.

Ta vieille

Madeleine

Lettre du 15 février 1928 à Louise Salonne

Madeleine poursuit son abondante correspondance : Louise étant malade, elle lui écrit souvent pour la soutenir. Elle fait référence à la Sainte-Baume où elle s'était rendue en septembre 1927.

15 février 1928

Ma chère grande,

Tu sais que j'ai été bien contente en recevant ta lettre! et puis elle sentait si bon. Cela donnait foi en un printemps qui riait quelque part. Nous, nous n'avons que de la pluie. Le matin quand je sors, on ne voit ni ciel ni nuages, mais déjà les becs de gaz se reflètent dans les flaques d'eau et on sait que c'est encore, toujours la pluie tiède et salissante.

Pour apaiser tes scrupules, et puisque tu n'es plus une aussi intéressante malade, ma lettre deviendra hebdomadaire et partira le mercredi… approximativement. Je serais bien heureuse de te voir partir vers le soleil et plus encore de t'avoir à Paris. Reviens-tu au même endroit que l'an dernier? Si tu peux, va à la Sainte-Baume c'est tellement beau… le plus beau pays que j'ai vu. Mais tu me le diras avant, j'écrirai là-bas pour que tu sois bien accueillie et ta sœur aussi si elle t'accompagne. Si tu y vas, tu connaîtras deux des êtres que j'ai « sentis » les plus admirables : un moine, le Père Vayssière, qui vit seul, près de la grotte de Marie

Madeleine, au bout d'une extraordinaire forêt, extraordinaire parce qu'elle est la seule du pays. C'est un homme tout en lumière, fait de simplicité et de charité. Et puis, à Béthanie, une sœur, une dominicaine noire et blanche, Sœur St Jean. C'est une sœur tourière, elle nous servait à table et nous ne la voyions que dans des besognes dites « actives ». Elle rayonne pourtant de vie intérieure, elle est l'obéissance et la joie.

N'attribue pas, ma chérie, à mes lettres le bien qu'elles ont pu te faire. Je ne suis capable d'aucun bien, mais Dieu se sert de tout pour le bien qu'il veut faire, et il préfère se servir de moyens très humbles pour qu'on voie sa gloire et pour qu'on l'adore.

Oui, mon petit, je crois moi aussi, je le crois de toute mon âme, que tu retrouveras la seule route où l'on puisse vivre. Je le crois non parce que j'ai une confiance quelconque en moi, je te le redis je ne puis rien faire, non parce que j'ai confiance en toi, tu es comme nous tous faite de terre, lourde, lourde qui t'entraîne loin de l'esprit, mais je crois absolument, totalement, follement (n'y a-t-il pas la folie de la Croix) je crois à Celui qui te cherche, à celui qui souffre en moi, en d'autres, en toi pour toi, je crois en celui qui a dit « quand je serai élevé sur la croix j'attirerai tout à moi ». Il y est depuis vingt siècles, chair d'opprobres, chair de douleurs, chair de rachat, et que tu le veuilles ou non il y a son cri terrible « J'ai soif » qui crie en toi. Bouche-toi les oreilles, fuis-le, essaie de ne pas comprendre, il faudra un jour que tu saches ce qu'il y a dans ce cri de divine, de radieuse exigence. Et quand dans ta grande pauvreté tu diras « Seigneur, je n'ai rien à vous donner », c'est lui qui te donnera l'eau vive, tant et tant que tu croiras en mourir. Vois-tu, ma chérie, pour y être passée, et terriblement, dans l'horrible nuit de la négation, je sais que ce vide qui crie en nous son angoisse, c'est déjà la voix du pasteur. Je crois qu'il t'aime comme il nous aime tous et que son immense, son terrible amour, saura bien te conquérir parce que tu es malgré tout une âme de bonne volonté. Pardonne-moi si je te parle ainsi en toute sincérité. Mais vois-tu, depuis que j'ai trouvé la route je suis splendidement heureuse, et parce que je t'aime bien je voudrais que toi aussi tu sois heureuse. Je ne te dis pas que je t'aiderai à le devenir : je ne puis rien. Mais toi, sois généreuse, et un jour, un soir, une nuit, où quelque chose d'immense et d'obscur criera en toi une faim de joie, une faim de paix, mets-toi tout simplement, tout pauvrement à genoux. Ne demande rien à Dieu, mieux que toi il sait ce que tu désires, mais dis-lui « Faites de moi ce que vous voudrez ».

Je t'embrasse et je t'aime bien.

Madeleine

Ne me réponds pas sur ce sujet si cela te gêne le moins du monde.

Lettre du 18 février 1928 à Louise Salonne

Une rupture s'annonce pour raison de santé. Madeleine doit partir trois mois de Paris. La situation « compliquée » qu'elle laisse est liée soit à sa toute nouvelle responsabilité d'animation du scoutisme dans le sud de Paris et la banlieue soit, plus vraisemblablement, à la situation de ses parents. Chose étonnante, nous sommes au lendemain de la conférence sur le symbolisme de la poésie et Madeleine n'y fait aucune référence, ni pour dire si sa santé l'a empêchée de la donner, ni pour la commenter.

Dimanche 18 février 1928

Ma chère grande,

Je t'écris aujourd'hui car je commence une semaine tout particulièrement chargée où mes loisirs seront rares. En effet, comme depuis mon opération je vais de mal en pis malgré médecins et traitement, maman ayant rencontré un médecin qui m'avait soignée dans le temps pour une maladie très grave, lui a demandé de venir me voir, quoiqu'il ne soit que de passage à Paris où il n'habite plus. Il m'a examinée à fond et m'a trouvée en très mauvais état. Intoxication de la « cavité » avec contractions du « pilor » (je ne te garantis pas l'orthographe [10]), entérite chronique et le tout couronné de nerfs en capilotade. Il doit me revoir demain. Mais il m'a déjà prévenue que je dois partir au plus tôt pour trois mois de Paris. Cinq semaines à passer dans une ville d'eau, à fixer. Pougues peut-être. Les établissements sont fermés mais reçoivent certains malades. Après, il faudra que j'aille ailleurs.

Matériellement parlant, la situation que je laisse est un peu compliquée mais cela n'a pas une grosse importance, on *peut* être utile partout si la volonté de Dieu le veut, mais on ne l'est nulle part par soi-même, et quand il nous retire d'un endroit comme lorsqu'il nous amène ailleurs, il faut bien se dire que cela seul est nécessaire de faire ce qu'il veut, et que du reste il se chargera. C'est une inestimable liberté qu'il nous donne ainsi. Dès que je saurai où je vais je te donnerai mon adresse.

Je ne t'écris pas très longuement car le régime d'observation où je suis me fatigue beaucoup. Je pense à toi souvent et tu sais comment.

Mon si sympathique souvenir à ta sœur. Pour toi mon affection.

Madeleine

Lettre du 7 mars 1928 à Louise Salonne

Chevreuse 7 mars 1928

Chère bonne Louise,

J'ai reçu hier ta lettre et comme aujourd'hui mercredi est ton jour j'y réponds par un long bavardage.

Je suis à Chevreuse dans un grand village, non,

plutôt dans une petite ville au carillon prétentieux, aux balcons sans lustre, aux dames sagement habillées.

Le pays est sans caractère bien défini, des vallons, des bois, des champs de pensées, d'œillets que des femmes cultivent à genoux. Je pense en les voyant à une paysanne qui disait « moi, Madame, je brode la terre ».

De plus il y a une certaine distinction de couleurs et de lignes qui s'apparente intellectuellement avec cette race d'esprits raffinés qui vécurent tant de leur sensibilité et de leur cerveau en Ile-de-France. À 7 kilomètres Port-Royal. Ce jansénisme je me souviens l'avoir beaucoup aimé. Mais, maintenant si je me plais à évoquer Monsieur d'Andilly taillant ses poiriers comme le jardinier le fait ici, ou Monsieur Hamon, allant à dos-d'âne un tricot en mains, je ne comprends plus la « terreur » janséniste, ce rigorisme où la charité ne met pas son soleil. Et tu sais bien que le sable du désert serait désespérant si le soleil n'en faisait pas un océan de magnificence. Je ne dis pas qu'il n'est pas la Charité, mais pas assez cette Charité qui nous fait cesser de regarder notre misère pour voir son rachat, sa transfiguration dans la Joie de Dieu qui lui seul importe.

Figure-toi que nous allons peut-être pouvoir nous joindre. Je ne reste ici qu'une huitaine encore. Après une très vive période de malaises je vais mieux depuis hier. Mon médecin ne veut pas me laisser partir immédiatement mais sans tarder nous irons tous dans le midi, soit du côté d'Arles Avignon, soit peut-être du côté de Cassis qui est sur le chemin de Villefranche. C'est tout de même un peu loin l'un de l'autre mais nous pourrions peut-être nous donner rendez-vous en un point intermédiaire. Donne-moi dans ta prochaine lettre des nouvelles détaillées sur ta santé.

Ici je ne fais absolument rien, je suis tout le jour sur les routes et dans les jardins. Le potager surtout fait ma joie. La taille des arbres est belle : les branches détachées de l'arbre meurent, ou bien je pense aussi à la nécessité des tailles et au triomphe blanc du jardin d'avril. Je trouve des violettes, sœurs des tiennes que j'ai aimées et qui sont restées plusieurs jours sur ma table de travail.

J'espère que ta sœur va tout à fait bien et la chère petite aussi. Il va faire tout à fait noir, aussi je t'embrasse très fort.

Très à toi

Madeleine

Lettre du 14 mars 1928 à Louise Salonne

Chevreuse, 14 mars 1928

Chère bonne Louise,

Si j'en crois ta carte, cette lettre te devancera à Villefranche, cela n'a pas d'importance puisque c'est « ton jour ». Je suis bien contente de te savoir partie. Cela prouve que tu es tout à fait bien. Notre départ s'organise aussi, mais ce n'est pas sûr du tout. Le médecin, quoique mon estomac aille bien mieux, trouve dans l'intestin la cause de mon mauvais état de santé et il entrevoit une autre opération. Il va essayer de l'éviter par un traitement de trois semaines environ à Paris après lequel nous partirions pour la Provence : Cassis peut-être. Si on m'opère, au contraire, ce sera sans tarder, et dans ce cas je ne sais si nous partirons. Je pense être fixée au prochain examen. Il fait très beau temps aujourd'hui après quelques vrais jours d'hiver. Le cloître de Toulouse semble très beau. Mais il ne m'empêche pas de lui préférer de beaux arceaux romans tellement plus simples, plus « en dedans ». Les rosaces, c'est très beau, je les ai assez aimées! mais pourquoi mettre tant de choses dans un cercle, le cercle un si magnifique symbole. Vois-tu, ces colonnes jumelles me font penser à des docteurs qui seraient docteurs sans être saints, et qui feraient marcher à pas égaux la foi et la raison. C'est très bien de *partir* à ce pas-là mais, il vient un moment où, il faut bien convenir que la raison… c'est du raisonnement, et que la foi… c'est de la vie. La raison, tiens, au point de vue religieux, elle me rappelle le chiffon blanc qu'on met sur le modèle pour évaluer les valeurs. Une fois que c'est fait on reste aux valeurs et on se fiche du chiffon, quitte à le reprendre de temps à autre pour certaines vérifications. Ici je dérobe chaque matin un morceau de Messe. Au couvent d'à côté, noviciat de Missionnaires, on a bien voulu me le permettre en ma qualité de malade. Ces futures Missionnaires, je les vois aller et venir dans leur jardin tout proche, un grand potager bien soigné. Et je trouve très beau cette préparation au départ, dans un cadre tellement du pays, tellement français, avec un jardin qui parle de famille, tout plein de braves légumes du terroir qui eux disent le calme autour de la table restreinte. Je ne leur parle pas, mais elles ont l'air très bonnes et, naturellement très heureuses.

Je ne fais absolument rien. Je suis tout le jour dehors à jardiner, à tourner en rond dans le parc ou à arpenter les routes. Je ne m'ennuie pas : partout est l'essentiel et l'activité de mille vies consacrées uniquement à lui rendre grâces n'y suffirait pas. L'angélus sonne, partout le même, toujours le même. « Je suis la servante du Seigneur. » Comme nous sommes peu pardonnables, nous qui croyons de compliquer, de vouloir, quand il n'y a qu'à servir dans l'amour humble, et à attendre que Dieu donne à chacun sa tache. Aujourd'hui je pense beaucoup à cette page de l'Évangile où l'histoire de la Samaritaine est racontée : « Si tu savais le don de Dieu et quel est celui qui te demande à boire, tu lui aurais, toi, demandé à boire et il t'aurait donné de l'eau vive… » Dieu ne nous demande jamais que de lui demander. Le premier acte de foi c'est d'attendre, et de savoir que de nous-mêmes nous ne pouvons que cela.

Pense au puits de la Samaritaine… quelquefois. Moi j'y pense en pensant à toi et je désire de tout mon cœur, qui t'aime dans le Christ, que tu reçoives de lui cette eau vive, qui doit jaillir « jusqu'à la vie éternelle ».

Dis à ta sœur mille pensées de ma part.

Pour toi ma grande trouve mes baisers les meilleurs et ma grande, très grande affection.

Toute à Toi.

Madeleine

Lettre du 21 mars 1928 à Louise Salonne

Passage dans une nouvelle maison de santé.

Paris 21 mars 1928

Pension Daumier, 14 rue Daumier 16ᵉ

Ma chère grande,

Merci pour ta carte reçue ce matin et qui comme tout ce qui vient de toi m'a fait plaisir.

Me voici dans mon nouveau gîte et toujours en traitement très sérieux.

Que te raconter ? Je suis terriblement à court d'imagination, ne voyant personne, ne lisant pas, ne faisant rien sinon trotter toute la journée dans le Bois tout proche. Je te dirai que les arbres deviennent verts, qu'il faisait hier un beau soleil et que nous recevons aujourd'hui la pluie sur nos dos, mais cela manque vraiment d'originalité sinon d'intérêt puisque tout ce qu'il nous est donné de vivre ou de voir, porte pour nous toujours une magnifique leçon.

Et puis tout est si beau quand nous le regardons

avec un peu d'amour. Nous avons du dédain pour des masses de choses que nous n'avons même pas regardées et dont toute notre vie ne suffirait pas à célébrer les splendeurs.

Il y a un vertige de la Beauté comparable ou parallèle à celui que Pascal éprouvait entre le très grand et le très petit : les deux abîmes des beautés invisibles sont à côté de nous et en nous demeure la Beauté « qui fait toutes les choses belles ». À celui qui croira en la vie de la Beauté en lui, quelle intensité d'amour et quel don de lui-même ne sera-t-il pas demandé ? Si des fragments de beauté vue nous ont fait pleurer presque de joie, quelle joie sera celle de celui qui possédera en lui la totale beauté vivante ? Quel besoin aura-t-il de tout le reste ? Ne sera-t-il pas souverainement libre ?

Mon vieux Louison, je serais bien heureuse de te voir mais je ne sais ni si je pars ni quand je pars ni si tu seras là-bas.

Dans cette incertitude je te charge de mon amicale pensée pour ta sœur.

Et je t'embrasse de tout mon cœur qui t'aime bien.

Ta
Madeleine

Lettre du 28 mars 1928 à Louise Salonne

Mercredi 28 mars 1928

Chère grande,

Tes cartes et ta fidèle pensée m'ont toutes porté de la joie et de chacune je te remercie. Je suppose que tu es bien puisque tu ne restes pas dans le midi.

Voici le bulletin de santé demandé : on vient de décider ma seconde opération. J'ai un kyste à l'ovaire et il est la cause du mauvais état de l'intestin et, par contrecoup, de l'estomac. On ne peut m'opérer durant les quatre ou cinq jours qui viennent mais je crois que d'ici une semaine je serai à la clinique. Tu ne recevras donc pas de lettre de moi d'ici quelque temps sans doute. Que cela ne t'attriste pas, je continuerai à être près de toi, mieux sans doute parce que moins moi-même. Je vais quitter Auteuil sous peu.

Que te dire ma chère Louise, c'est bien difficile. Il est plus facile de bien t'aimer de loin et de te remettre en des mains puissantes que de te faire de longs bavardages.

J'ai beaucoup pensé à toi durant ces temps de vraie retraite dont je garderai à Dieu une grande reconnaissance comme de tout ce qu'il donne avec une inlassable générosité.

Quelle beauté dans la liturgie de ce temps de la Passion et de la Semaine Sainte. Comme toute la divine souffrance d'il y a vingt siècles demeure souverainement actuelle, active et sanctifiante. Comme tout devient contemporain et très simple. Il y a d'ailleurs quelque chose d'inlassablement jeune dans les saisons de l'année liturgique, quelque chose à la fois spontané et prévu qui la rapproche de l'année naturelle, sa sœur.

Ma lointaine sympathie à ta sœur. Pour toi, ma chère grande, un baiser de toute mon amitié.

Madeleine

Lettre du 11 avril 1928 à Louise Salonne

Paris 11 avril 1928

Chère bonne Louise,

Au lieu d'une « éventrée » c'est une retapée qui t'écrit. Comme mon état général est bien meilleur, le médecin m'a rendue à la vie normale sans crier gare et remet à plus tard l'opération. Je n'en suis pas trop étonnée : Dieu se plaît à jouer ainsi avec nous pour nous rompre à son bon plaisir, et l'on sent très peu les changements en restant au creux de sa main.

Depuis ton petit mot de retour je n'ai rien de toi. Serais-tu souffrante ou simplement reprise par l'impitoyable vie quotidienne ?

Je t'ai suivie dans ton voyage qui a dû en effet te laisser un beau trésor de souvenirs. Je suis passée à Grenoble au petit jour en rentrant de la Ste-Baume cet été. Mais j'étais si fourbue que j'ai dormi insolem-

144

ment jetant quelques regards sans vie sur cette belle et noble vallée. Oui, les montagnes ont elles aussi une grande beauté. Mais je leur préférerai toujours la mer plus parfaite. La mer est véritablement pure, son ordre obéissant est encore comme un écho des lois divines : elle est un symbole de Dieu. Les montagnes, elles, sont un terrible, un navrant symbole de l'âme humaine. Tragiques et énormes ruines d'un bouleversement initial, elles attendent de la pénitence que l'érosion et le temps leur confèrent des formes renouvelées qui les ramèneront au beau. La chaîne de la Ste-Baume est pour moi la montagne parfaitement rachetée.

Envoie-moi vite de tes nouvelles.

En les attendant je t'embrasse fort et de tout mon cœur.

Ta
Madeleine

Lettre de mai 1928 à Louise Salonne

Carte postale dont les archives ne possèdent qu'une copie dactylographiée.

En attendant une plus longue lettre, je t'embrasse et te dis merci pour les fleurs. Je suis ici pour au moins quinze jours. Après, je ne sais plus où j'irai.

Ta
Madeleine

Lettre du 31 mai 1928 à Louise Salonne

Le rythme des lettres ralentit. Celle-ci, commencée le 31 mai, est reprise le 4 juin.

31 mai 1928

Chère bonne grande,

Ce n'est pas sans honte ni remords que je dois constater mon silence, surtout après ton dernier petit mot. Vois-tu, la vie active m'a reprise dans ses griffes et la correspondance en a grandement souffert. Je vais très bien et il est peu probable que l'on m'opère. Nous partons le 25 juin pour Luxeuil où une saison doit finir de me retaper.

Que fais-tu ? Tes derniers billets ne me disaient pas grand-chose.

4 juin! Encore un autre mot de toi et cette lettre n'est pas partie! J'ai pour excuse cette fois la mort brutale d'un de mes Petits Loups « rentré à la maison » comme nous disions vendredi matin et enterré aujourd'hui.

J'arrive du Salon! je n'y étais pas encore allée. C'est un peu honteux. Vu la toile de Biloul : très différente de celles des années passées.

Paris est tour à tour hivernal ou torride. Nous avons eu des orages magnifiques qui faisaient penser à des Psaumes.

On a maintenant fini le printemps et le plus petit morceau de soleil nous donne une chaleur surabondante. Paris continue à être beau comme doit l'être Morlaix. Tu dois te fatiguer de bon cœur auprès de ta pauvre malade. C'est une si bonne tâche que de soutenir l'âme en assistant les pauvres corps, magnifiques et fragiles. J'espère que Dieu te donnera de quoi lui donner. Il faut tant recevoir pour pouvoir partager quelque chose.

Mes parents projettent un voyage en Alsace pays « des montagnes et arbres de Noël » comme dit une de mes amies.

Je suis sûre que j'y verrai de belles choses. Nous sommes au fond si terriblement avares de notre admiration, elle est si partiale, et tout est tellement plus beau que nous ne pouvons le savoir. Tout parle de nous et nous parle de quelque chose. Que de messages ne perdons-nous pas! Ouvrons les yeux et les oreilles de nos âmes. Tout dans le monde est mystérieuse correspondance, échos, phrases à compléter. Tout se rejoint et se complète en nous quelquefois et toujours en Dieu. La lumière vient d'abord à nous par les lumières : le feu de la Pentecôte est pour plus tard.

As-tu des projets de travail pour cet été et des projets tout court pour l'an prochain ? Tu sais combien tous me sont chers.

Et ta santé ? Tu m'en parles beaucoup trop peu. J'aimerais être mieux fixée. Ta sœur travaille-t-elle ? Je l'aime bien tu sais et serai bien contente le jour où quelque circonstance heureuse me permettra de la connaître.

J'ai un groupe d'amis qui projette un voyage-pèlerinage à Assise-Sienne et Florence. Je suis sûre que tu aimerais les suivre. Mais tout vient à chacun au meilleur temps… quand on laisse agir Qui de droit.

Que te raconter, ma bonne Louise ? je ne sais rien et ne fais rien en dehors de mon travail et de mes occupations régulières : cela restreint singulièrement le champ des choses à dire.

Aussi simplement et en attendant *vite* une *longue* lettre je t'embrasse très fort comme je t'aime.

Madeleine

Lettre du 4 juillet 1928 à Louise Salonne

4 juillet 1928

Chère grande,

Pas de réponse à ma lettre? J'expie mon propre silence!

Nous voici tous à Luxeuil pour me soigner. Je vais d'ailleurs le mieux du monde. Ici pays de forêts presque sans horizons. De temps à autre un morceau des Vosges lisses et bleues. Et puis la forêt immense, puissante, vivante, avec des chênes droits comme des colonnes et son sol net où presque personne ne vient. Rares les taillis, les bruyères et les fougères. Seules les feuilles de l'autre année que des oiseaux foulent en les faisant craquer. Vrai pays des légendes saxonnes, vrai pays de moines défricheurs aussi. Leurs noms demeurent dans des villages de granit rose perdus aux carrefours des bois : St Colomban l'Irlandais et St Walber le Sicambre, St Colomban, abbé, intellectuel et savant, St Walber qui vécut dans une grotte parmi les arbres de Dieu écoutant la Charité veiller sur l'ordre du monde et sur les choses obéissantes et heureuses. Et c'est très bon d'honorer Dieu ainsi dans ses saints.

Allons, ma Louise, une lettre avant mercredi où je t'écrirai.

Je t'embrasse comme je t'aime.

Madeleine

Lettre du 11 juillet 1928 à Louise Salonne

Luxeuil 11 juillet 1928

Ma bonne Louise,

Ta dernière lettre m'est parvenue hier mais pas la première ?

Je regrette que tu n'aies pu aller à Berk. Un séjour dans cette atmosphère de souffrance t'aurait, j'en suis sûre, profondément atteinte. Toutes mes félicitations pour le travail que tes expositions te font fournir. Bon succès et bon courage, mon amie. Je suis ici jusqu'à la fin du mois. Oui, je me suis remise au travail depuis quelques mois. J'ai un nouveau livre de poèmes « sur pieds », je vais classer et revoir pendant mes vacances. Bravo pour le nouveau succès de ta sœur, dis-lui bien que je m'en réjouis et lui désire bon travail.

Oui, la forêt est belle ici. Obscure avec de grandes nappes de lumière diffuse. Pas d'autres échappées qu'un beau ciel et beaucoup de silence pour reposer l'âme et le corps. Je t'embrasse, ma grande, comme je t'aime.

Bien et toute à toi,

Madeleine

Lettre du 18 juillet 1928 à Louise Salonne

18 juillet 1928

Ma chérie,

Il fait beau, très chaud, c'est le grand soleil qui brûle qui purifie qui éclaire. J'aime cet impitoyable été où le soleil semble vouloir détruire tout ce qui n'est pas lui et mûrir pourtant les fruits. Seules les fleurs sont brûlées par lui, car ce n'est plus leur temps. C'est le temps de la fécondité et non des promesses. C'est très grand et très sévère et très rayonnant.

Je ne m'aventure plus beaucoup très loin mais je tourne des heures dans un grand parc où il y a de l'ombre ou dans notre petit jardin que j'aime.

On prépare ici de grandes fêtes en l'honneur de St Colomban un moine Irlandais qui vint ici fonder un monastère célèbre par son activité intellectuelle. J'aime la vie de ces saints où la hache du bûcheron se rencontre à côté des livres, toutes petites choses à côté de cette chose immense qui les possédait : l'amour de Dieu.

À quand une vraie lettre de toi, mon amie? Je t'embrasse et je suis avec toi dans le « pays » où tu **ne peux** pas ne pas venir un jour.

Toute à toi,

Madeleine

Lettre du 25 juillet 1928 à Louise Salonne

Carte postale, envoyée de Luxeuil, dont les archives n'ont qu'une copie dactylographiée.

Le 25 juillet

Ma chère grande,

J'ai reçu ta carte et je t'en dis merci. Nous partons d'ici lundi et reviendrons peut-être par l'Alsace si mon père continue à aller mieux. Nous aurons fait ici le meilleur des séjours.

Je t'embrasse.

Ta
Madeleine

Lettre du 8 août 1928 à Louise Salonne

Madeleine est chez sa tante, Mme Mocquet, à Mussidan.

Mussidan 8 août 1928
chez Mme Mocquet-Junière
Mussidan
Dordogne

Chère grande,

Mon infidélité de mercredi dernier est due à mon départ de Luxeuil suivi de quelques jours passés dans

Paris désert. J'avais reçu avant de partir ta bonne lettre et c'est avec joie que j'avais un peu plus longuement reçu ta visite. Je comprends que la nature de Dieu a dû te gâter ces temps-ci. Elle est belle et glorieuse même dans les pays plus humbles que la côte par cet été sans défaut. Je comprends le besoin de silence de ton pinceau. Il semble souvent que la meilleure louange de la beauté soit le silence, l'effacement de tout ce qui n'est pas elle. Sa louange n'est-elle pas d'exister ? Oui, Dieu a fait le monde bien beau, et qu'est pourtant cette beauté à côté de la beauté parfaite qui est lui-même ? À lui aussi, sa parfaite louange est d'exister, et c'est pourquoi la Vie qui procède de lui, le Fils égal à lui-même s'appelle le Verbe.

J'aimerais allais-je écrire ! j'aime aller avec toi dans tes courses à travers landes, car ta chère âme est trop avec la mienne pour que la séparation dans l'espace empêche ma réunion à toi dans la charité. J'aime avec toi Notre-Dame de la Clarté dont le nom s'associe pour moi à Luxeuil que je viens de quitter et dont le vieux nom latin était (j'aime l'écrire en deux mots) « Lux ovium ». C'est surtout la simplicité de ces marins que tu vois prier qu'il faut envier ma chérie, Dieu donne beaucoup à ceux qui le cherchent en humilité et simplicité. Tu sais que je n'ai jamais reçu ta lettre où tu me parlais de Berk ! Non tu ne trahis pas l'art puisque tu l'aimes et que servir c'est aimer. Il y a un art spirituel que notre âme accomplit en s'inclinant devant ce qui est beau, ce silence dont je te parlais tout à l'heure, c'est l'art par excellence.

À bientôt.

Je t'embrasse et je t'aime comme tu sais, en qui tu sais.

Madeleine

Lettre du 26 août 1928 à Louise Salonne

Mussidan 26 août 1928

Ma bonne Louise,

Juste un mot pour te souhaiter avec un jour de retard mais avec tout mon cœur une bonne fête. Merci pour ta lettre, elle m'a fait plaisir et aussi attristée par le départ de ta pauvre tante. J'espère de toi une grande lettre maintenant que te voilà revenue dans ton chez toi.

Je t'embrasse très fort.

Madeleine

Lettre du 5 septembre 1928 à Louise Salonne

Mussidan 5 septembre 1928

Ma chère bonne Louise,

Merci pour ta lettre. Mais comme tu es toujours

pressée et quelle vie trépidante est la tienne. Ta lettre m'a fait plaisir car elle m'a permis de te situer un peu plus sensiblement et j'ai été heureuse de te trouver près de N.-D. de Nazareth. J'ai passé ici le 15 août et j'ai assisté à la procession ici, ce que je n'avais pas fait depuis ma toute petite enfance. Cette procession d'autrefois m'avait laissé le souvenir d'un lys doré que je portais et d'un cantique que je chantais : « Prends ma couronne, je te la donne, au ciel n'est-ce pas tu me la rendras… » Et j'ai pensé cette année que N.-D. m'avait bien gardée puisqu'après les longs jours d'infidélité elle m'a ramenée là où l'on est pour le grand jour simple de l'éternité. Je crois en tes roses, comme en mon lys, ma chérie, et je crois que N.-D. de Nazareth te prendra de force et te conduira à cette paix, que, *je le sais,* tu cherches et qui te manque âprement. N.-D. de Nazareth, N.-D. de la Simplicité et de la joie, tellement faite pour toi, pour ton âme infiniment tendre et qui se veut un peu rude, pour ton âme qui aime la joie, et la joue quand elle ne l'a pas. Je la prie pour toi, mon amie que j'aime en celui qui t'aime.

Madeleine

Lettre du 15 septembre 1928 à Louise Salonne

Le 15 septembre

Je t'embrasse bien fort, mon amie, en attendant une lettre pour toi et une lettre de toi.

Madeleine

Lettre de janvier 1929 à Louise Salonne

Carte-lettre uniquement datée par le cachet postal, bureau de poste de Paris XIVᵉ, envoyée à Plancoët, Côtes-du-Nord.

Ma bien chère Louise,

Ton bouquet de gui est venu me dire ta pensée au commencement de cette année. Tu es bonne de ne pas avoir oublié ta vieille amie qui est toujours tienne bien profondément. Je te désire une seule chose ma chérie. D'autres t'auront désiré tout ce qui se voit, ce que je te désire moi, ma chérie, est ce que je crois « le seul nécessaire » et sans lequel l'épanouissement total n'est pas possible.

Que la Lumière sans laquelle toutes les lumières sont si petites te soit donnée.

Que la Vie sans laquelle la vie est dure, petite, morcelée, te donne son unité et sa simplicité radieuse, et que l'Ami sans lequel toute amitié est fragile, dépendante, boiteuse, se révèle à toi et soit : ton Paysage, ton livre et ta richesse.

Je t'aime bien.

Madeleine

Lettre du 24 mars 1929 à Louise Salonne

Deuxième voyage à la Sainte-Baume, « pays de Ste Madeleine ».
Date figurant sur le cachet postal, lettre envoyée de Paris.

Ma chère grande,

Voici immédiatement le mot demandé. Il n'y a personne de malade chez moi mais je vois qu'il n'en est pas de même de ton côté et que tu n'es pas brillante. J'espère de tout mon cœur que les vieilles montagnes auvergnates te donneront un peu de leur robustesse. J'arrive d'un voyage aussi rapide que beau en Provence. Je l'ai fait avec une amie : Dijon, Avignon, Marseille, la Ste-Baume, Arles, les Beaux, Aigues-Mortes, les Stes-Marie de la Mer. Dieu a magnifiquement parlé là-bas la langue des belles choses. J'ai retrouvé, toujours immuable de sérénité et de lumière le pays de Ste Madeleine. Je suis heureuse que le décor où tu te trouves te donne calme et repos, heureuse aussi que tu aimes la proximité de la maison de Dieu. Tu es toujours présente dans mes prières et je suis sûre que l'infatigable Pasteur un jour ou l'autre te chargera sur ses épaules et te conduira loin de l'agitation et du trouble dans son pays que tous les pays du monde épellent. Je passe la semaine de Pâques en Dordogne. Tu serais bonne de m'y envoyer une longue lettre.

Je te donne une fois de plus mon amitié et je suis tienne comme tu le sais.

Madeleine

Je t'enverrai d'ici quelques jours une plus longue lettre.

Lettre du 2 avril 1929 à Tante Sophie

Madeleine est en vacances chez sa tante, Mme Alice Mocquet-Junière. Ses activités scoutes ont pu reprendre durant l'hiver, signe d'une amélioration de sa santé.

Tante Sophie (Mme Le Floch) n'est pas une parente de Madeleine. Mme et M. Le Floch avaient une propriété à Saint-Julien de Quiberon.

✠ Mussidan 2 avril 1929

Ma chère Tante Sophie,

Vous êtes bien bonne de vouloir accueillir les Scouts dans vos domaines. Si vous pouviez recevoir mes Louveteaux nous en serions bien heureux.

Voici ce dont nous aurions besoin du 15 juillet au 10 août environ :

1° Un hangar ou une grange avec du foin où une quinzaine de personnes pourraient coucher.

2° Un terrain où nous pourrions faire notre cuisine par conséquent pas trop loin de l'eau potable.

3° Les deux suffisamment séparés du terrain des Scouts pour que nous ne soyons pas ensemble (Règlement scout à cause des chefs et des cheftaines et du terrible « qu'en dira-t-on »).

Si vous pouviez, ma chère Tante Sophie, me répondre sans tarder vous me rendriez un grand service. Mes enfants seraient bien heureux de cantonner en Bretagne… et moi aussi.

Donnez à toute votre famille mon souvenir tout amical et gardez ma chère Tante Sophie mes affectueux baisers.

Madeleine Delbrêl
chez Mme Mocquet Junière
Mussidan
Dordogne

Lettre du 1er juin 1929 au père Forestier

Le père Forestier est prêtre dans l'Ouest de la France. Madeleine le contacte officiellement dans le cadre de sa mission scoute, en vue d'établir des cercles de formation de cheftaines scouts. L'abbé Cornette était aumônier général des Scouts de France. « Vieux Loup » est son nom scout.

✠ Paris 1er juin 1929

Mon Révérend Père,

Je vous remercie d'avoir bien voulu m'indiquer les heures auxquelles je pourrai vous rencontrer. N'étant pas libre ce soir entre cinq et sept heures, c'est lundi que je vous demanderai de me recevoir.

Je vous transmets deux lettres : l'une est de Cheftaine Wasmer, l'autre m'a été dictée pour vous par Monsieur l'Abbé Cornette.

Pour ce qui est des causeries « sujets meute » de la Retraite, je mets à votre disposition les quelques essais et projets qui ont été ébauchés autour de moi.

Quant à la lettre du Vieux Loup, ne sachant si vous êtes au courant des circonstances qui m'ont fait esquisser le programme en question, je me permets de vous en faire l'historique. Je vous dirai aussi pourquoi je l'ai vu sous cet angle, et je vous demanderai de bien vouloir en prendre connaissance, pour me donner votre avis lundi, si cela vous est possible.

À la dernière retraite des Cheftaines d'Ile-de-France,

cheftaine Wasmer me parla, de la part du Vieux Loup, d'un projet dont elle souhaitait vivement la réalisation. Elle désirait voir la formation religieuse des Cheftaines plus solidement organisée à Paris, et établir un contact bien actif entre Paris et les Provinces. Le Vieux Loup me chargeait d'essayer de prévoir un plan de formation religieuse, et d'être l'agent de liaison, forcément assez vagabond, entre Paris et les différentes Provinces.

Je n'ai pas élaboré ce programme à grands frais de réflexion : il a été plutôt le résultat de constatations qui sautent aux yeux, quand on vit au milieu de Cheftaines et quand on vit en France.

Il y a un peu plus de deux ans que je fais du scoutisme, mais des raisons de santé ne m'ont guère permis de m'en occuper de façon suivie que depuis cette année. Il y a un an, on m'a confié Paris-Sud et, par la force des choses, j'ai été mise en rapports très amicaux, je dis même fraternels dans le sens vivant du mot, avec un grand nombre de Cheftaines. Dans cette fraternité avec elles, j'ai appris deux choses :

d'abord que la valeur profonde de nos cheftaines a une moyenne qui baisse de manière assez effrayante ;

ensuite, que le Scoutisme a vis-à-vis d'elles une mission de mise en valeur et de direction surnaturelle qui pourrait être excellente, mais qui est loin de l'être. Pourquoi ? parce qu'on donne aux cheftaines à vivre une vie de Meute mais qu'on laisse presque complètement de côté leur vie scoute. On fait d'elles des scoutes parce que cheftaines, alors que, logiquement, leur activité de chef ne devrait être qu'une manifestation de leur vie scoute.

Certaines âmes ont cru découvrir dans le Scoutisme la voie d'une sorte de vocation missionnaire capable d'orienter et d'utiliser pleinement leur vie. Que leur demande-t-on ? leur vie de meute, un point c'est tout.

D'autres sont jeunes, enthousiastes, mais ne savent ni ce qu'elles doivent, ni ce qu'elles peuvent donner : on leur trace un minimum : elles l'acceptent.

D'autres ne voient dans le louvetisme qu'une formation « du caractère » humain de l'enfant ; même pas, quelquefois des séances de jeux et de discipline.

Enfin, il y en a beaucoup qui sont venues chercher là une raison d'être, un point d'attache, ce sont toutes les découragées, les désorientées. Un plan large d'action pourrait les décider à réagir si on leur montrait que toute action doit être exactement proportionnée à notre intensité de vie profonde.

D'un autre côté, en vivant tout bonnement en France et en ayant, comme chacun, l'occasion d'aller dans telle ou telle de nos campagnes, il m'a paru difficile de ne pas faire un rapprochement saisissant entre ce que ces campagnes demandent et qu'on ne leur donne pas et ce que le Scoutisme pourrait donner et qu'on ne lui demande pas.

Je ne parle pas de la branche scoute proprement dite : je ne la connais pas. Mais, pour la branche louveteaux, j'ai l'impression très nette (et je ne suis pas la seule) que c'est une grande plante qui croît avec une très vive rapidité mais dans un tout petit pot de terre. Il y a mieux à faire avec la ✠.

Cette formation religieuse des Cheftaines devrait donc, il me le semble, être une *mise en lumière* de ce que doit être pour elles la vie scoute, en même temps que la *possibilité* de réaliser cette vie, elle doit être à la fois un exposé doctrinal et un organisme vivant, une intensification et une diffusion. Il faudrait mettre les Cheftaines à même de vivre ce qu'elles comprendront, non seulement de connaître leur « grâce scoute » mais de la vivre.

C'est pourquoi je n'ai pas très bien vu la réalisation de ce programme par un cercle, cercle qui aurait lieu à Paris et auquel collaboreraient les Provinces. Nous avons, sur le plan technique, l'expérience du Cercle Véra Barclay ; sur le plan religieux celle de la Retraite des Cheftaines. Nous sommes trop nombreuses pour que, avec le système d'un cercle, l'influence d'un aumônier puisse agir individuellement ; trop différentes pour que, en adoptant la note du plus grand nombre, les âmes qui offrent plus de ressources ne soient pas négligées.

Ce qui s'imposerait, apparaît-il, c'est la formation intensive d'une élite par un aumônier, et la mission donnée à cette élite de rayonner sa grâce dans des sortes de patrouilles routières.

Les circonstances ont voulu qu'une organisation de ce genre se soit formée à Paris-Sud : c'est un système viable : pourquoi ne pas l'utiliser à un but auquel il semble répondre ?

Des patrouilles se formeraient, non par raison officielle ou administrative, mais par commodité pratique : sizaines de telle ou telle ville, de telle ou telle région, de tel ou tel quartier, de tel foyer d'étudiantes etc. et chaque patrouille serait « animée » par son sizenier.

Chaque cheftaine de chaque patrouille pourrait et devrait recevoir une mission personnelle qui lui ferait vivre un point de sa loi. Cette mission devrait être proportionnée d'abord à sa vie surnaturelle, ensuite à sa vie extérieure de façon à ce qu'elle utilise dans son action et les forces que Dieu lui donne et le cadre où Dieu l'a mise. Cette mission ne devrait pas la distraire de son devoir d'état, le premier outil à mettre à la disposition de la Grâce de Dieu devant être sa valeur humaine le plus parfaitement réalisée qu'il lui sera possible.

Quand une cheftaine a mené à bien la mission qui lui a été donnée elle peut demander, quand besoin en est, l'aide de la sizaine.

Je joins à cette lettre le plan général des activités qui peuvent être celles des cheftaines. Le plan regardant la formation surnaturelle des cheftaines n'est là qu'à titre purement documentaire, car ce serait aux aumôniers de le mettre au point.

Monsieur l'Abbé Cornette voudrait que vous envisagiez tout cela et que si vous étiez de cet avis, mon Révérend Père, vous en fassiez l'essai en Bretagne. Si cela réussissait, d'autres Provinces pourraient marcher dans le même sens, la réunion des aumôniers à Paris assurerait l'unité, car il n'y a pas de raisons, en effet, pour que l'Ile-de-France dont Paris fait un cas particulier soit le foyer des autres Provinces.

Je vous demande donc, mon Révérend Père, d'étudier ce très long journal, et en vous remerciant d'avance pour tout le bien que les Bretonnes recevront de vous et qu'elles me permettront de partager avec elles je vous dis tout mon dévouement et tout mon respect dans « le Chef ».

Madeleine Delbrêl ✚

Lettre du 11 janvier 1930 à Louise Salonne

Nouvelle interruption d'activités au cours du deuxième semestre 1929.

+

Paris le 11 janvier 1930

Ma chère grande,

Ta lettre m'a fait joie.

Merci pour tes vœux. Prends les miens, bien vrais. Dieu te donne sa paix.

Tu la recevras en échange de ta **bonne** volonté. Il faut être tout petit devant le monde, devant le Maître de ce qui est, aussi.

Je me fais une fête de te voir.

J'ai dû laisser toute activité depuis le mois d'août à cause de la santé des miens. Ensuite j'ai passé novembre et décembre malade. Maintenant je vais mieux. Je reprends quelques occupations.

Je comprends ta joie près de ta petite nièce. Les enfants sont de grands maîtres de simplicité.

Nous mourrons de complication. Il est net que les choses belles se distinguent, se séparent, par leurs imperfections.

Le Beau est merveilleusement un.

Je t'embrasse très fort.

Et je suis, comme tu **sais,** avec toi.

Madeleine +

Lettre du 30 mai 1930 à Louise Salonne

+ 30 mai 1930

Mon petit Louison,

Oui, avec joie je te verrai à ton passage ici. Ne manque pas de m'avertir dès ton arrivée.

Je suis si heureuse de te savoir mieux!

Oui, ici tout va bien grâce à l'optimisme intégral dont tu sais la source; malgré la moitié de l'hiver passée à traîner Frère Corps, mes parents assez ou très éprouvés eux aussi. Mais la Joie est libre et rien au monde ne peut lui faire mal.

À bientôt.

Je t'embrasse très fort et t'aime toujours *bien.*

Madeleine
78 pl.^{ce} St Jacques

Lettre du 14 août 1930 à Louise Salonne

+14 août 1930

Ma bonne Louise,

Je te remercie de ta longue lettre. La mienne sera beaucoup plus réduite car en ce moment je possède assez peu de temps. Maman enfin! se repose en Dordogne et je suis à Paris avec mon Père. Je vais partir faire un voyage à pied en Corrèze, Lot, Dordogne puis passer quelques jours avec ma grand-mère, trois semaines en tout. Oui j'ai regretté de ne pas te voir mais suis heureuse que tu aies vu de belles choses. Moi aussi j'aime sœur Nature et je m'entends de mieux en mieux avec elle, loin des complications des hommes et des choses inventées. Tu te trompes quand tu me situes dans l'inaccessible. Dieu est le plus court chemin pour atteindre l'intimité des choses créées et on ne peut trouver Dieu sans trouver un tas de choses belles dont jusque-là on n'avait pas su distinguer la beauté ou le langage. Et puis ce qu'il y a de bien c'est l'*ordre.* L'ordre des choses, l'ordre dans la vie. C'est bon de ne plus se cogner la tête à tous les points d'interrogation, à tous les hasards scandaleux, aux révoltes, aux ratés. C'est bon de s'établir dans la grande réussite d'un monde magnifiquement explicite.

Pourquoi ne m'écris-tu pas à fond? Ce serait « si meilleur » que nos généralités qui frôlent sans aller au cœur. Je prie pour toi et t'aime sans cesse.

Madeleine
78 place St Jacques

Lettre du 16 janvier 1931 à Louise Salonne

« Aqu. » est une aquarelle. T.S.F. pour téléphonie sans fil c'est-à-dire la radio. Viviane est la très jeune nièce de Louise.

+ 16-1-31

Chère Louise,

Tu me pardonnes n'est-ce pas ? **Merci** bien tard mais de tout mon cœur. J'aime ton aqu. et son nom. J'ai été et suis encore souffrante, au repos en ce moment et suis restée longtemps *sans écrire.*

Aussi tu n'auras que ce tout petit mot qui te dira simplement que je t'ai envoyé un tas de vœux très vrais par T.S.F. Donnes-en une part à Viviane et à sa maman. Encore pardon.

Ta en +
Madeleine

Lettre du 20 mars 1931 à Louise Salonne

+Le 20 mars 1931

Ma chère bonne Louise,

Je suis si contente de savoir que tu pars pour la belle Italie que je veux te dire mon « bon voyage ». Que tu ailles à Assise ou que tu n'y ailles pas, je charge

169

St François de te conduire afin que ce voyage te soit bon. J'aimerais que le petit pauvre t'apprenne à converser avec notre sœur la terre, de ce qui n'est pas la terre et qu'il agrandisse pour toi le champ de la lumière et des radieuses jouissances. Tout artiste devrait être prêtre de louange et de joie, François a été grand artiste en œuvre et en âme.

Je t'embrasse très fort et t'aime vraiment.

Madeleine

Lettre du 21 mars 1931 à Louise Salonne

+ Le 21-3-31

Ma chère Louise,

Je regrette d'avoir ridiculement oublié de te dire que je ferai avec joie *tout* ce que tu voudras pour les amies dont tu me parles.

Madeleine

Lettre de mai 1931 à Ariane Le Douaron

Lettre à Ariane qui fait partie du « groupe des Chèvres » dont Madeleine assurait la formation religieuse. Ces jeunes filles étaient élèves au lycée Fénelon à Paris. Ariane est loin du groupe pour raison de santé, à Megève.

La personne dont il est question à la première phrase est probablement Madeleine Tissot, qui elle aussi apparaît parmi les correspondantes.

+ Jeudi

Ma bien chère petite Ariane,

Je viens de voir Madeleine qui me dit votre maladie. Je veux que ce mot vous fasse ma grande affection plus présente. Dieu ne permet pas les rencontres inutiles et si nous nous sommes connues c'est pour trouver l'une en l'autre de quoi nous avancer en lui un peu plus. Les maladies sont de si immenses grâces que je viens vous assurer de ma prière pour que vous en profitiez à fond. La maladie est une solide clôture entre le monde et nous, elle nous permet d'avoir quelques jours « de conversation dans le Ciel » comme dit St Paul. Quand presque tous ceux que nous aimons sont séparés de nous, nous nous tournons avec plus de rigueur vers « celui qui nous a aimés le premier » et nous nous livrons avec plus d'acharnement à cette « éminente science de Jésus-Christ » qui résume toute science. Et puis toute maladie est une +. Par cela même elle est la grâce des grâces. De toute maladie nous pouvons attendre la mort du vieux « nous-même » pour l'établissement plus parfait en nous du règne de Dieu. Et puis encore, la + est un des chapitres de cette « éminente science ». Souffrir c'est connaître Jésus parce que Jésus a « souffert toutes les souffrances ». Souffrir c'est aussi jouir parce que cette connaissance est une connaissance d'amour. Aimer en langage divin c'est être un. Souffrir c'est connaître la souffrance du Seigneur et c'est la vivre, comme être bon, pur, véridique, c'est connaître et vivre la bonté, la pureté, la vérité du Seigneur. Mais comme la Passion a été le summum de la passion d'amour de Jésus pour nous, c'est la douleur qui reste le grand signe d'union entre lui et nous.

Je vous embrasse très tendrement.

Vôtre en +
Madeleine

Lettre du 9 juillet 1931 à Madeleine Tissot

Première lettre à Madeleine Tissot, à laquelle Madeleine écrivit beaucoup tout au long des années trente. Cette correspondante fut proche du projet d'implantation à Ivry.

M. Tissot est affectée à la bibliothèque du groupe de la « Charité ».

+   9 juillet 31

Ma chère petite Madeleine,

Merci de votre bonne lettre.

Je ne veux pas partir au camp (demain matin) sans y avoir répondu.

Pour le livre, je ne sais pas le prix broché et c'est

à ce prix qu'on vous le céderait relié. Voici l'adresse, écrivez de ma part : Mlle José Bianchi 11 cours Julien Marseille.

Pour la route : prix (très probable) *550 F* tout compris.

Je suis heureuse de la joie de votre frère et plus encore de celle que Dieu doit en avoir.

Un *vrai* religieux est une si grande chose, un si grand honneur pour la terre et une telle gloire pour Dieu.

La sainteté est le seul métier intéressant, il est bon de penser que des familles spirituelles affichent cette vérité au beau milieu du monde.

Je vous envoie ce mot en fin de journée, minuit sonnent, mais je me perds encore dans un désordre et un travail égaux. Et je pars demain à 6 heures de la maison pour le camp!

Aussi vous vous contenterez de ce billet… et de ma prière qui, elle au moins, comme tout ce qui est chez Dieu, est délivrée des pendules.

Je vous embrasse.

Vôtre en ✠

Madeleine

78 place St Jacques

Lettre du 21 juillet 1931 à Madeleine Tissot

Loisail, village de l'Orne à quelques kilomètres au sud-est de Mortagne-au-Perche (voir lettre du 18 août). La famille Lorenzo y avait une vaste propriété où l'abbé accueillait des camps louveteaux et des colonies de vacances. Nous disposons de nombreuses photos de cette période.

Caritas   +   Le 21 juillet 31
Ma chérie,

Que le 22 juillet vous apporte en abondance cette miséricorde du Seigneur qui crée nos âmes. Qu'elle vous fasse amour et rien que cela, c'est-à-dire union avec le Tout de notre vie. Avec toute ma tendresse je demande cela à notre Sauveur Jésus.

À Loisail tout va bien. La colonie démarre sans fièvre et joyeusement.

Ci-joint une carte collective de l'Art Italien. J'ai ailleurs pour vous une image de la journée de dimanche. Elle suivra bientôt.

Tendrement vôtre en Jésus.

Jésus soit aimé comme il veut.

Madeleine

Lettre du 18 août 1931 à Ariane Le Douaron

+   Le 18 août 1931

Ma bien chère petite Ariane,

J'ai été assez souffrante tous ces temps-ci, c'est la cause de mon silence.

Je voudrais pourtant bien savoir ce que vous devenez et si votre « frère corps » se repose quelque part.

Je pense souvent et très fraternellement à vous avec notre Seigneur. Je lui demande de vous défaire à sa guise pour vous refaire à son gré. Puisque c'est notre seule occupation d'ici-bas que de nous livrer sans cesse à la mort de nous et à la résurrection du Christ.

La vie est une belle chose qui nous permet d'être artistes dans le seul art vrai : la sainteté. Copier les créatures du Bon Dieu avec un peu de matière c'est bien, mais copier Dieu avec nous-mêmes, ça c'est la joie, et le vivre avec notre vie c'est le grand « Magnificat ».

Dites-moi vite et tout à fait où en est votre santé.

Je vous embrasse tout plein fort et je suis toute vôtre en J.-C. tout à nous.

Madeleine

Château de Loisail par Mortagne-au-Perche
Orne

Lettre du 19 août 1931 à Louise Salonne

le 19 août

Mon bien cher petit,

Je suis triste avec toi du départ de ta bonne grand-mère et je prie pour qu'elle se repose dans le seul vrai pays de la bonté. Je prie aussi pour que tu ne trouves pas d'amertume dans cette mort, mais aussi lumière et grâce. La mort ne nous donne pas toujours du positif, mais en passant elle décrépit singulièrement bien des choses dont nous oublions la fragilité. Je viens d'être malade longtemps et pars demain en Normandie. Cela t'explique ce pauvre petit mot où je t'embrasse à tout plein cœur.

Madeleine
Château de Loisail
Mortagne-au-Perche

Lettre du 31 août 1931 à Madeleine Tissot

Caritas   +   Le 31 août 1931
Ma chérie,

Jour de grande promenade à la Colonie. Je ne rejoins que dans le courant de la journée. Votre lettre nous a mises en joie! Que la volonté du Seigneur Jésus soit faite, fermons les yeux et donnons-nous à son amoureux vouloir. Demain, 1er vendredi. Une fois de plus, fête de l'amour et de la miséricorde. Lavons-nous indéfiniment dans le sang rédempteur, dans le sang créateur de sainteté.

Priez pour nous toutes comme nous prions pour vous. Tout au fond est dans l'immobile fidélité aux prévenances amoureuses du Seigneur Jésus, fidélité aux grâces de rédemption. Quel abîme de salut que le Cœur du Christ.

Tendrement à vous en lui.

Beaucoup de choses à Melle Boin.

Madeleine

Lettre du 12 janvier 1932 à l'abbé Plaquevent

Voici la première expression développée du projet de vie qui aboutira à Ivry. « Monsieur l'abbé » est l'abbé Lorenzo. Pierre serait un surnom donné à l'une des compagnes, qui n'est pas restée. On la retrouve dans une liste que Madeleine conservait dans son missel, au dos d'une image de la Vierge, datée de 1942 ou 1943. Madeleine gardait ainsi la mémoire de toutes celles qui avaient participé même brièvement, à l'aventure des Équipes.

L'abbé Jean Plaquevent avait été chargé par le cardinal Verdier d'accompagner de jeunes intellectuels parisiens. Il le faisait surtout par courrier, car son état de santé lui imposait de vivre dans un climat proche de la montagne. Il était en repos à la maison du Bon Pasteur de Pau.

Monsieur l'Abbé,

Henri Sjöberg me demande de vous écrire. Je le fais bien volontiers.

Il m'a parlé samedi du grand amour qu'il a pour mon amie Pierre. J'ai dû lui dire qu'elle était engagée dans une autre route sans que rien de définitif soit fait. M'adressant à vous, non comme à un ami mais comme à un Prêtre, je vais vous dire exactement ce qu'il en est.

Depuis longtemps, je crois, Pierre pense à donner sa vie au Christ.

À la suite d'une longue histoire d'âme, d'un passé, plusieurs jeunes filles dont Pierre était, formèrent un petit groupe à couleur assez scoute, mais pas exclusivement scout, sous l'impulsion de M. l'abbé Lorenzo.

Nous désirions vivre, autant que nos situations le permettaient, une vie d'Évangile. Nous désirions continuer la charité de l'Évangile selon son mode le plus simple, soigner, consoler, aider, visiter, vêtir, matériellement et surnaturellement. Dès le début nous avions refusé de chercher notre travail et de chercher des ouvriers : le Seigneur était seul responsable de désigner l'un et de choisir les autres. Il s'en est merveilleusement acquitté. Il a sans cesse proportionné la tâche et nos mains, nous donnant beaucoup d'ouvrage quand nous avions beaucoup de forces (mourants à assister, mamans à suppléer, vieillards à visiter, infirmes à aider), supprimant toute demande de service dès que nous étions malades, nous ne gardons jamais un sou devant nous et nous avons toujours ce qu'il nous faut. Tous les quinze jours, une réunion nous groupe. Nous lisons les Actes des apôtres et M. l'Abbé nous apprend à moins mal aimer le Bon Dieu. Nous sommes dix-huit!

Mais ce n'est pas tout.

Notre Seigneur a voulu conduire ou faire aboutir trois d'entre nous à la pensée de vivre cette vie d'Évangile, et de donner toute leur vie à ce but :

vivre en France et pour la France une vie d'Évangile loyal et complet aussi proche que possible de la vie sacerdotale.

Chacune de nous, après bien des luttes, en parla à M. l'Abbé.

Depuis longtemps, la chose était claire pour moi, mais je pensais vivre ainsi, dès que je le pourrais, seule ; Monsieur l'Abbé, lui aussi, résista longtemps. Tout l'été nous avons prié et nous nous sommes tenues prêtes. En octobre, Monsieur l'Abbé a pris conseil : nous nous en remettons à cette décision. On nous dit que la volonté du Bon Dieu était notre mise en route. Nous désirons vivre pendant longtemps une sorte de « séminaire » sans quitter nos familles, priant, attendant et devenant le plus « rien » possible, laissant au Seigneur le soin de nous faire signe quand il désirera que nous nous donnions vraiment à une paroisse. Serons-nous conduites à une vie religieuse ? Il nous paraît indiscret de le désirer, mais laissons à Notre Seigneur le soin de le vouloir ou non.

Tout cela pour en venir à vous dire que Pierre est l'une d'entre nous.

J'ai dit à Henri qu'il me paraissait nécessaire qu'il parle à Pierre. C'est une loyauté vis-à-vis d'elle. Le grand attachement qu'il a pour elle fait de lui quelque chose de sa vie : elle ne doit pas l'ignorer. Elle est très simple, peu portée à compliquer les choses et elle-même : on ne peut savoir si, par hasard et malgré toutes les apparences contraires, la démarche d'Henri ne serait pas pour elle une indication ou une explication providentielle. Je ne le crois pas, mais je ne me sens pas complètement sûre puisqu'elle n'est pas définitivement liée. Il peut y avoir en elle un sentiment dont elle n'a pas conscience. Je désire beaucoup que ce soit Henri qui lui parle : il pourrait, involontairement, penser qu'on ne lui a pas dit ce qu'il fallait. Pour moi, je désire ardemment que le Christ leur donne sa pleine lumière. J'aime beaucoup Pierre, mais je sais trop que le plus petit écart de la divine et douce volonté est la seule séparation qui soit pour préférer ou qu'elle reste avec nous ou qu'elle fasse route avec Henri. Il n'y a que le désir de Dieu qui compte dans cette affaire.

Je vous redis que je crois nécessaire que Pierre soit au courant, soit pour prendre conscience de la volonté de Dieu sur elle, soit pour se maintenir dans notre route même au prix d'un sacrifice plus complet. Je n'ai pas donné à Henri les précisions que je vous donne sur nos projets : si vous croyez préférable qu'il soit au courant, dites-le moi.

En vous demandant de prier pour Pierre qui va, elle aussi, certainement souffrir, je vous dis une fois de plus, Monsieur l'Abbé, tout mon respect dans Jésus.

Madeleine Delbrêl

Pourriez-vous donner le plus tôt possible soit à Henri (soit à moi) [votre avis] sur l'opportunité de parler à Pierre ? Il souffre beaucoup, beaucoup, et il n'est pas nécessaire de faire durer une incertitude.

Lettre du 21 juillet 1932 à Madeleine Tissot et Ariane Le Douaron

Madeleine Delbrêl est à nouveau en maison de convalescence. Est-ce pour elle-même ? Est-ce pour sa tante malade ? Probablement aide-t-elle en même temps aux soins (elle vient d'obtenir son « diplôme simple » d'infirmière SSBM). Elle écrit à Madeleine Tissot et à Ariane (voir lettre de mai 1931) : « Mes deux petits », qui doivent l'y rejoindre fin août.

Caritas   +   Le 21 juillet 1932
Mes « deux petits »,

Votre grande lettre m'a porté bien de la joie et plus que jamais je demande à notre Père de vous faire grandir en lui et diminuer en vous-mêmes pendant votre « solitude ».

De grosses + m'ont fait quitter Paris brusquement.

L'une était l'état alarmant d'une tante très chère (M. Th. l'a vue l'autre jour). Le Bon Dieu permet qu'elle soit actuellement hors de danger. Avant cela j'étais allé passer un jour à Loisail avec Pierre et Guigui… très providentiellement. Maintenant je pense ne regagner définitivement Paris que pour le 10 octobre mais cela dépend de bien des douloureuses choses. C'est une grande grâce que la + et on demeure confondu que notre Seigneur nous permette, de temps en temps, de nous étendre un peu sur elle.

Je pense que vous préférerez des lettres plus fréquentes et adressées à vous deux.

J'ai lu avec beaucoup d'amusement le récit de vos journées : il parlait de pays que je connais et je vous suivais ainsi à merveille. J'espère que vous n'avez pas oublié de demander à St Bernard que, le jour de notre mort, soit célébré en grande joie notre mariage, après les longues fiançailles de la terre. J'espère aussi que vous lui avez bien dit comment doit être votre « mari » : pauvre à n'avoir pas une pierre où poser sa tête, roi de douleur, vêtu de sang, ayant faim, ayant soif, ayant froid, cloué sur la + et le cœur fendu, cœur répandu, laissé vide.

Puissions-nous le trouver en vérité et le laisser nous épouser étroitement dans la foi et la conformité de vie.

Ici, il fait bon. Soins d'infirmière, prière, correspondance, un peu de promenade et voilà.

Je souhaite à Chamois une vraie bonne fête. Que

notre sainte lui donne : d'écouter, de suivre Jésus et de le rejoindre sur la + quand il le jugera bon.

Écrivez-moi long, même quand je vous écris court.

Jésus soit aimé comme il veut.

Madeleine

Lettre du 26 juillet 1932 à Madeleine Tissot et à Ariane Le Douaron

La tante malade, c'est Mme Mocquet-Junière.

Caritas   +   Le 26 juillet 32

Mes « deux petits en + »,

Merci, toujours pour le Journal.

J'y vois toujours revenir le nom de St Jean de la + avec un petit sentiment de bien-être.

« Je ne sais quelle est cette étrange infortune mais personne ne se souvient d'avoir jamais vu ce saint ! » Quelle merveilleuse humilité. Quelle joie, mes petits, si notre mémoire n'existait que dans le cœur du Christ. Je rêve que la Charité de Jésus soit dans l'Église ce qu'est un fil dans une robe : il tient les morceaux ensemble et personne ne le voit sinon le tailleur qui l'y a mis. Et si le fil est visible, tout est raté ! Plaise à Dieu que nous ne rations pas notre anéantissement qui est certainement la première des œuvres qui nous soit demandée.

Je prie très fort St Jean de la + de vous donner une faim ardente et volontaire de la vraie Foi, de cette foi que toute douceur ou toute sécheresse laisse ferme et inchangée comme un roc. Il y a des âmes qui sont sans cesse comblées des douceurs de Dieu : je crains sans cesse pour elles. Ces douceurs sont le signe de leur faiblesse extrême et des dettes accumulées de fidélité. La plus grande faveur que Dieu puisse faire à ces âmes c'est de leur donner une grande douleur d'être ainsi cajolées, et de [ne] les faire se soumettre à la douceur de Dieu que pour l'amour de sa volonté. Mais vivent le noir, le sec, le dur, quand Jésus veut y faire goûter. Vive cet amour où tout est pour lui, rien pour nous. Le noir est la nourriture exquise des âmes amoureuses. Quand le Jugement Dernier aura passé il me semble que N. S. s'ennuiera au Ciel de ne plus être aimé dans la foi. Néanmoins, souvenons-nous qu'« il ne faut pas enlever aux autres le plaisir de nous faire plaisir » et si Jésus vous gâte mes petits, humiliez-vous et bénissez-le.

Ma tante sans être en danger est toujours bien malade.

À vous deux dans la Charité.

Jésus soit aimé comme il veut.

+

Lettre du 1ᵉʳ août 1932 à Madeleine Tissot et Ariane Le Douaron

Caritas   +   1ᵉʳ août 1932
                                        St Pierre aux Liens

Mes « deux petits en + »,

Merci encore pour le bon journal que votre moitié de maman dévore à belles dents.

Je pense que cette lettre vous parviendra au moment du départ de M. Th.

Rassurez-vous. Mon cœur est « édifiant ». Je constate une fois de plus la grande sagesse de notre Père. Jamais je n'avais cru avoir aussi fort besoin de repos. J'ai fait *tout ce que j'ai pu* pour en avoir (j'ai les mains pures !) et j'ai abouti à une belle période de surmenage en tout genre. Et c'est juste ce qu'il me fallait puisque je vais on ne peut mieux. Ma Tante est toujours bien souffrante, mais sans danger.

Je voulais dire à M. Th. que, si elle peut arriver avant le 1ᵉʳ septembre, j'en serai ravie : vous n'avez qu'à me dire un peu d'avance la date probable de votre arrivée ici.

J'explore tous les chemins et choisis les mieux pour les promenades du soir.

Mère St Charles (la Supérieure de l'Hôpital) est ravie de notre aide. Les deux autres sœurs seront en retraite et elle n'aura qu'une religieuse d'un autre couvent.

La maison est installée : nos cellules sont pauvres

à souhait. Je dansais de joie en organisant le ménage de Jésus.

Je ne sais trop ce que je vais faire en août quand ma tante ira mieux. Je repasserai sans doute quelques jours à Paris.

Que la liturgie est donc réjouissante en ce moment : N.-D. du Mt-Carmel, Ste Madeleine, le Curé d'Ars, St Dominique, l'Assomption ! Comme nous profitons peu de nos amis du ciel : ce sont pourtant de tels « vivants » !

Je vous confie à eux pour que vous leur ressembliez, je vous embrasse à tout plein cœur.

Jésus soit aimé comme il veut.

+

Lettre du 17 novembre 1932 à Anne-Marie Roux

Anne-Marie Roux était très proche du trio qui partit à Ivry le 15 octobre 1933. Elle hésita à les rejoindre, puis y renonça. Artiste, c'est elle qui fabriqua la Vierge à l'Enfant que Madeleine Delbrêl, Hélène Manuel et Suzanne Lacloche emportèrent avec elles à Ivry et qui se trouve toujours au 11 rue Raspail.

Caritas   +   le 17 Nov. 1932

Ma petite sœur,

Je ne veux pas que ce jour passe sans que je vous aie dit que de toute mon âme je suis près de vous.

186

Je demande au Seigneur qui est notre Seigneur, de vous faire fidèle et de faire de vous l'autre lui-même dont il a envie et une bonne pierre enfouie dans la base de sa maison.

À vous je demande, de bien vouloir user de moi par « droit de famille » comme moi, j'userai de vous. Et cela peut aller très loin car je suis d'un naturel mendiant.

Merci d'avance pour ce que j'obtiendrai par vous et pardon pour ce que vous ne trouverez pas par moi.

Bien à vous « in aeternum ».

Jésus soit aimé comme il veut.

Madeleine

+

Lettre du 23 novembre 1932 à l'abbé Lorenzo

Première lettre à l'abbé Lorenzo. Nous disposons de très peu de lettres de Madeleine à celui qui fut au cœur de son itinéraire, de 1926 à sa mort le 6 janvier 1958.

Elle développe l'ensemble du projet, telle qu'elle l'envisageait avant son lancement. Il faut probablement comprendre que l'expérience en hôpital de fin août avec Madeleine Tissot et une autre compagne eut lieu à Mussidan, son pays natal. L'abbé Lorenzo lui en avait confié l'autorité. Elle appelle « nouveau Mussidan » le futur « séminaire » de deux ans que l'abbé et elle-même envisagent pour toute entrée dans la « Charité ».

Dans sa correspondance, Madeleine utilise souvent l'expression la « Charité » ou la « Charité de Jésus » dans différents sens. Le lecteur trouvera ci-dessous quelques repères.

1 – La « Charité de Jésus » ou la « Charité » est le nom donné à un groupe de la paroisse Saint-Dominique, composé surtout de cheftaines parmi lesquelles Madeleine est très active. Ce groupe est animé par l'abbé J. Lorenzo. Voir les lettres des 9 juillet 1931, 12 janvier 1932, 24 septembre 1933, 25 octobre 1933.

2 – La « Charité de Jésus » puis la « Charité » est le nom donné au groupe de celles qui mènent vie commune, il se répartira en plusieurs Équipes et il reçoit un directoire. Il commence le 15 octobre 1933 au Plateau d'Ivry, avec Madeleine comme première responsable. Voir les lettres des 12 janvier 1932, 23 novembre 1932, 15 octobre 1933, 21 décembre 1936, 19 janvier 1939.

3 – La « Charité donnée » ou « petite Charité » : c'est l'ensemble des associées qui vivent chacune de son côté sans vie commune. Voir lettre du 30 avril 1935 (C. de J. est l'abréviation de Madeleine pour Charité de Jésus). Ce groupe a eu une existence brève.

4 – « Une Charité » : nom donné à l'une ou à l'autre, membre de l'un des trois groupes précédents. Voir les lettres des 23 novembre 1932, 25 juillet 1933 (2ᵉ lettre), 28 novembre 1933.

5 – La « Charité contemplative » : voir lettre du 30 avril 1935. Ce groupe est resté à l'état de projet. Seul le groupe d'Ivry s'est développé.

Le 23 novembre

Mon Père,

J'ai aujourd'hui du temps sur lequel je ne comptais pas. J'en profite pour mettre au clair ce que vous m'avez dit de vous envoyer pour la Charité de Jésus.

Toute la question est de savoir si nous devons demeurer dans la stricte imitation de la vie de Notre-Seigneur, imitation « historique » ou si nous devons faire accueil à une charité revêtant les formes de l'aide sociale actuelle.

Là, je crois qu'il faut distinguer ce qui est le but de la Charité de Jésus puis ce qui est, d'une part sa forme permanente et d'autre part sa forme d'« actualité ».

Si le but de la Charité de Jésus est toujours : une vie d'Évangile intégrale et réaliste ; le don de la France à son Dieu par le relèvement paroissial, par une action aussi sacerdotale que possible ; le don de nous-mêmes à Jésus par notre anéantissement et par son règne, nous devons nous trouver en face d'une vie dont certains éléments seront stables et d'autres en évolution.

Stables : la pauvreté affichée, la croix, l'amour des pauvres, la simplicité, la joie ; stable notre travail de co-rédemptrices par la souffrance et la prière ; stable l'aboutissement de notre action dans la Paroisse ; stable la mort à nous-mêmes, radicale, définitive.

Mais si l'on admet que Jésus « avait encore beaucoup de choses à nous dire », choses que les dogmes nous ont mises successivement en lumière, s'Il a voulu être, à travers les temps, dans et par l'unité qui le joint

189

à l'Église « celui qui passe en faisant le bien » ; il ne suffira pas de faire de lui une reconstitution historique. Il faudra d'abord nous maintenir « bien mortes » et puis laisser son Esprit modeler en nous le Christ de maintenant. Le Jésus d'aujourd'hui.

Le Jésus d'aujourd'hui soucieux bien moins de la lèpre ou des cas de possession que des maux d'*aujourd'hui ;*

ne perdant pas son temps à reconstituer les conditions de vie du 1er siècle, mais entrant de plain-pied dans le rythme actuel comme il était entré dans le rythme de la vie juive.

Si Jésus rencontrait aujourd'hui le Bon Samaritain, il ne parlerait pas de vin et d'huile comme pansement et ne conduirait pas le blessé à l'hôtellerie, mais à l'hôpital.

Jésus a été un homme parfait, un charpentier parfait, un Juif parfait. Pour être *lui,* nous devons être parfaitement de notre race, de notre temps, de notre métier.

Ce n'est pas le métier de charpentier que Jésus a sanctifié durant sa vie cachée mais toutes les vocations humaines, toutes les pierres de la cité humaine.

Je crois donc qu'il entre dans la fidélité à notre vocation de discuter quel est notre sens du travail et de ne pas nous y refuser et à la base de notre travail, de notre action surnaturelle il y a notre travail humain : Jeanne d'Arc a été un bon chef de guerre et ne s'est pas contentée de prier et de mourir pour la France.

St Thomas a été un bon philosophe et ne s'est pas contenté de prier et d'adorer le Saint-Sacrement ; le curé d'Ars a été studieux autant que pénitent. Sans la prière et sans la croix, aucun d'eux n'aurait eu une action féconde ; mais à leur tour, cette prière et cette croix les ont mis dans le « sens » de leur vocation humaine.

Mais il n'y a pas que nous, il y a les autres et si nous avons pour métier de les sauver, il faut, nous aussi, les faire passer par leur vocation humaine.

Chaque temps est appelé à une Sainteté qui lui est propre. Ce serait abîmer le Royaume de Dieu que rêver *pour le XXe siècle* le type de sainteté du XIIIe. Le progrès humain est dans le plan de Dieu qui n'a pas fait au hasard l'homme intelligent, ingénieux et social.

Notre temps est loin de ressembler à d'autres : l'usine, les courants politiques, les inventions toujours plus vulgarisées. Il faut aider les autres à être des chrétiens authentiques au milieu de leurs machines, des autos et de l'universel brouhaha.

Enfin, la Paroisse a été la cellule d'aide. Cette aide maintenant si réduite au point de vue surnaturel c'est autant [illisible] point de vue. Les organismes laïcs travaillent à aider le plus activement possible et la plupart des paroisses en sont encore aux Conférences de St-Vincent de Paul ! ou aux bons des Dames de Charité.

Pour toutes ces raisons, je crois difficile de faire du vrai service chrétien sans que ce service soit un service social.

Pratiquement,

– Toute Charité pourrait recevoir (après les deux années de séminaire) une formation sociale sommaire, quelque chose comme la session intensive de l'E. N. S.,

– Celles que leurs aptitudes désigneraient pour une formation plus complète seraient aiguillées sur une école sociale,

– Plus tard, on serait même amené à avoir une formation sociale dans la maison, avec stages faits dans les paroisses. Un peu comme ce qui se passe au point de vue Hôpital à Bon Secours, Pasteur etc.

– Je crois qu'il ne serait pas bon d'enfoncer dans ces études celles qui ont déjà une orientation particulière : art, carrière universitaire etc. Au point de vue service, elles pourraient toujours faire le service courant, tel que nous en aurons toujours à faire : ménage etc.

Maintenant, mon Père, il y a une chose dont je voudrais vous parler une fois de plus.

Je crois qu'il faudrait penser sérieusement à celle qui prendrait la tête du groupe.

Deux ans, ce n'est pas très long et, à aucun point de vue, on ne pourra improviser un chef.

En faisant une comparaison très petite, je vois bien

M. Delbrêl à son bureau des Chemins de fer, entre 1904 et 1914.

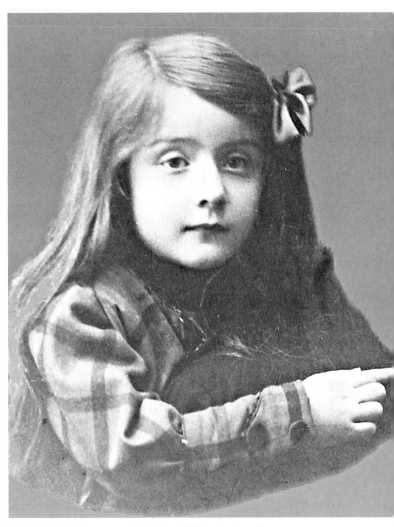

Madeleine à l'âge de 4 ou 5 ans.

dans ce pension
externes. As tu fait
attention aux médailles,
qui étaient dans mon
bureau.
Embrasse pour moi
papa.
Amitiés à ...
...
Caresses à minou
Je t'embrasse
bien fort chère petite
maman et t'envoie
grosses
bises.
Ta petite fille
qui pense souvent
à toi

Ma petite maman,
J'ai reçu ce matin ta
lettre j'y ai lu que
tu étais enrhumée
Soigne toi bien et ména-
ge toi. Températures
Hier 37,6 ce matin 37,3
Fixe moi la date de
ta petite visite.
Il fait toujours
très beau et nous
nous amusons. Hier
j'ai été à la Route de

Une écriture d'enfant, Madeleine a 6 ans.

un service, veuillez-le et répondez-lui je vous en prie.

Avec mes remerciements anticipés recevez, Monsieur, mes sentiments respectueux

Mad - Delbrêl

3 Place Denfert - Rochereau

Paris XIV

Brouillon de lettre avec des dessins, Madeleine a 18 ans.

Madeleine à l'âge de 19 ans.

La paroisse de Madeleine au moment de sa conversion : Saint Dominique, rue de la Tombe-Issoire à Paris XIVe.

Son amie Louise Salonne.

L'abbée Lorenzo parmi les louveteaux et Madeleine vers 1928-30.

Neuf cheftaines de louveteaux dont Madeleine vers 1928-1930.

Théâtre au camp : Madeleine porte un chapeau noir.

L'heure du pique-nique : Madeleine à genoux avec une autre cheftaine au milieu des louveteaux.

L'École pratique de service social, 139 bd du Montparnasse à Paris VIe.

Caritas   33.10.18   +   Le 13 octobre 1933
— MTimot

Mon cher petit ·

    Demain soir 14, à 9h., 3 de vos petites sœurs
Suzanne ✦ Hélène et moi, recevront de M: l'Abbé
leurs petites +. Elles prononçaront leur engagement
dans la Charité · Dimanche soir elles partiront en
Mission. N'oubliez pas que votre abandon fait partie
de ce que nous devons donner et que votre fidélité
à la toute douce et crucifiante volonté du Seigneur
Jésus. C'est donc très en union avec ce que vous
pouvez souffrir en ce moment que ce départ se fera.
Priez sans relâche : nous sommes tellement rien.
Priez pour les nôtres ·

Madeleine annonce son départ pour Ivry.

Le centre social paroissial de St Jean-Baptiste du Plateau à Ivry.

Les petits colons d'Ivry à Loisail près de Mortagne-au-Perche (Orne) en 1934.

Madeleine avec sa mère, à Mussidan.

que j'ai beaucoup appris par expérience en dirigeant de petit en plus grand des groupes de cheftaines. Je crois que, même à ce seul point de vue, habitude de manier un groupe, on a besoin d'un long entraînement. Et ce n'est qu'un point! Il lui faudrait l'habitude d'organiser, qu'elle soit bonne maîtresse de maison, très maternelle et très virile, qu'elle ait une dose formidable de *jugement* et de *bon sens.* Et puis, il faudrait qu'elle s'habitue à porter les âmes. Si, d'un seul coup, on lui donne le groupe à diriger pour un démarrage effectif et ce poids des âmes, ce sera beaucoup à la fois.

Il faudrait qu'elle puisse faire de ces deux ans une longue retraite. J'ai pu voir l'utilité, personnellement, d'avoir su deux mois d'avance que je porterai l'autorité à Mussidan et la grâce de pouvoir prier et souffrir d'avance. Si je m'étais préparée à Mussidan sans cette perspective de responsabilité particulière, ce n'aurait pas été du tout pareil. Et ce n'était que 12 jours!

De même, je crois qu'il serait mieux qu'elle assiste aux réunions des « postulantes » de façon à avoir une vue complète et aussi profonde que possible du groupe.

Enfin, il serait, je crois, très nécessaire qu'elle dirige tout ce qui sera réunions du groupe « nouveau Mussidan », retraites etc. Puisque, à moins de miracle, je ne ferai pas partie de cette première mise en route, je vous parle librement de toutes ces choses. J'ai hésité à le faire, mais j'y suis poussée très fort. Cette question m'a paru toujours importante ; elle me le paraît beaucoup plus maintenant d'après les idées du P. Des-buquois. Je ne savais pas trop s'il était dans la ligne que je m'en mêle. Je crois, tout bien pesé, qu'il valait mieux. Cette question, d'ailleurs, me préoccupe (et si j'ai tort, vous vous fâcherez). Elles sont toutes des Charités très chic, mais, pour ce rôle particulier, il leur manque à toutes quelque chose. Ce quelque chose (qui diffère avec chacune) n'est pas primordial pour une Charité, mais indispensable pour un Chef, peut être acquis ; c'est pourquoi plus tôt le chef sera désigné, meilleur cela sera.

Encore une fois, mon Père, je vous demande pardon si je suis sortie de ma place. Mais j'avais, depuis long-temps, besoin de vous en parler. Si j'ai mal fait, j'aurai toujours le bénéfice d'être grondée.

Jésus soit aimé comme il veut.

M. F. de Jésus

Je viendrai à N.-D. des Champs demain à 11 h 30. J'aimerais bien savoir ce que vous pensez de tout cela. Si vous croyez inutile que nous en parlions, vous n'aurez qu'à ne pas venir me chercher à la chapelle de la Ste Vierge : je ne perdrais toujours pas mon temps.

Lettre du jeudi 9 (date sans indication de mois ni d'année, mais avant 1934) à une amie, non connue

Texte transmis aux archives par une amie des Équipes, Rose-Marie Duléry.

jeudi 9

Ma chère amie,

Recette pour faire de sa vie quelque chose de propre.

– Être bien sûre que notre vie s'use tous les jours et qu'il est peut-être un peu bête de la gâter.

– Trouver qu'il y a un certain mauvais goût à nous plaindre de Dieu avant de lui avoir donné au moins ce que lui nous a donné, c'est-à-dire vie et tout nous-même.

– Nous plaindre de nous avant de nous plaindre de Dieu.

– Savoir que tout est fait pour une fin de bonheur trouvé et de don de joie et que tant que nous n'aurons pas la joie et n'aurons pas donné la joie nous serons en marge de l'ordre du monde.

– Chercher dans ce monde non notre maximum de confort moral ou sentimental mais notre maximum de rendement.

– Ne pas nous hypnotiser sur ce que nous voulons des autres mais sur ce que nous voulons porter aux autres.

– Ne vivre que ce que nous croyons mais vivre tout ce que nous croyons.

J'espère que sur tout cela que je pense vous trouverez sujet à discussion.

Je vous embrasse.

Très vôtre en +

Madeleine Delbrêl
78 place St-Jacques

Lettre du 4 janvier 1933 à Louise Brunot

Louise Brunot, dite « Petit-Louis ou Loulou », habitait le même quartier que Madeleine à Paris. Ne pouvant participer à la toute première équipe qui s'implantera à Ivry le 15 octobre 1933, elle ne les rejoindra que le 15 octobre 1938, après avoir dû franchir des difficultés familiales.

Caritas   +   4 janvier 1933

Mon « petit Louis »,

Je vous ai mal souhaité la « bonne année ». C'est ce qui vous vaut ce bout de lettre. Je vous ai mal ou pas dit ce que je vous désirais.

Nous avons fait ensemble l'an passé, beaucoup d'horticulture. Continuons.

Ce que je vous désire c'est que vous preniez de plus en plus conscience du jardin intérieur que chaque âme baptisée porte en elle et que ce jardin, le jardin de Dieu, soit, toujours davantage, le lieu de sa joie.

Je vous désire, d'abord, dans ce jardin, le silence. On peut être dans le métro, aussi seul que dans un désert ; on peut être dans le désert excédé de notre propre brouhaha…

Je vous désire le tête à tête avec Notre Seigneur, « l'hôte très doux » de votre jardin. Je vous désire et lui désire que vous ne le quittiez pas des yeux. C'est toujours possible. Ou nous sommes seuls, ou nous sommes avec nos frères les hommes. Seuls, qu'avons-nous de mieux à faire que de causer interminablement avec le Verbe fait chair et de nous enfoncer dans son visage. Avec nos frères, c'est le Seigneur encore que nous retrouvons. C'est à lui que nous pouvons nous adresser à chaque parole que nous disons, puisque tout homme est membre de son corps : membre saint ou séparé ou souffrant. C'est de lui, et pour la même raison, que, sans cesse nous pouvons parler. Jésus *peut* être la seule chose que nous voyons.

Je vous désire la mort de tout ce qui est encore vous, le chiendent du beau jardin. Tout notre travail, au fond, consiste à mourir : ceci fait, Dieu naît en nous. Pour que cette mort règne vite, je vous désire le culte de l'obéissance, qui tue si bien et si vite notre volonté. Et quand Dieu a notre volonté il a tout. L'obéissance est la vertu monastique que nous pouvons le plus aisément pratiquer dans le monde, à la condition d'avoir la volonté opiniâtre de ne plus vouloir. Obéir à notre père spirituel, à ceux qui ont autorité sur nous, aux événements et aux mille minuscules conditions de la vie ; obéir au métro qu'on rate, à la personne qu'on rencontre. Se créer inlassablement des occasions de ne pas vouloir.

Je vous désire enfin de cultiver les fleurs préférées du maître du jardin : les fleurs en forme de +. La + n'a rien d'austère elle est une lumière et un cadeau d'amour. Elle est même infiniment plus qu'un cadeau d'amour : elle est une union d'amour. Je vous désire de ne pas en être avare.

Et je vous embrasse très fort.

Jésus soit aimé comme il veut.

+

Lettre du 24 mai 1933 à Hélène Manuel

Hélène Manuel est, avec Suzanne Lacloche et Madeleine Delbrêl, une des trois compagnes à s'implanter à Ivry le 15 octobre 1933.

Madeleine lui écrit à bord du Bendsdorff (au cours d'une croisière maritime, en mer du Nord ?)

À bord du Bendsdorff
Le 24 mai 1933

Ma chère petite Hélène,

Comme j'aimerais vous donner un peu de cette

beauté qui nous entoure. Cette immense mer docile aux lois de Dieu qui la meuvent : quel modèle. C'est cette docilité de leçon : docilité à la lumière qui la change à chaque seconde, docile au vent qui la modèle, docile à son rythme intérieur, elle parvient à être une parfaite louange de son Dieu en étant simplement et intégralement une obéissante. Nous aussi notre vocation est de devenir des louanges de notre Seigneur Dieu. La lumière vient sur nous par ondes successives, cette lumière doit réaliser des changements en nous et toute lumière donnée par Jésus doit entraîner une certaine « luminosité » de notre vie. Le vent du Seigneur, l'Esprit Saint passe sur nous et doit imprimer à nos actions un certain mouvement qui lui est propre, une impulsion qui dépend de notre volonté mais qui la déborde.

Priez pour nous comme nous prions pour vous.

Je vous embrasse avec toute ma tendresse.

Jésus soit aimé comme Il veut.

Madeleine

Lettre du 24 mai 1933 à Louise Brunot

Cette lettre est du même jour que celle ci-dessus destinée à Hélène.

Caritas   +   Le 24 mai 1933
                                          à bord du Bendsdorff

Mon cher petit Louis,

Que Dieu vous donne un morceau de cette immense paix qui parle tant de lui sur cette belle créature de ses mains : la mer. Le bateau nous emporte et j'essaie d'apprendre comment, sur le grand bateau de l'Église, la Charité de Jésus doit se laisser conduire à travers l'océan de l'amour jusqu'à la vraie Terre. Ce n'est pas difficile, il suffit de consentir à quitter le bord, à faire le grand lâcher-tout de volonté, à s'en remettre aveuglément à celui qui a pour métier de conduire le grand bateau et de faire l'un après l'autre tous les petits actes de la vie du bord. Il peut faire nuit ou gris ou soleil, tout cela ne nous regarde pas : la seule chose qui importe c'est que nous restions sur le bateau.

Je vous embrasse tendrement.

Jésus soit aimé comme il veut.

Madeleine

Carte du 30 mai 1933 à Anne-Marie Roux

+ Le 30 mai 1933. Helsingor = (Elsneur)

Oui, petit Roux, Elsneur avait bien un petit son dramatique : c'est le château d'Hamlet!.. je vous l'envoie.

Nous faisons un beau voyage et j'aimerais partager avec vous bien des choses dont nous jouissons. Heureusement qu'il y a en toute chose un élément permanent que nous pouvons toujours retrouver ou emporter avec nous, sans cela on aurait presque du regret de le quitter.

La traversée a été une splendeur et je n'oublierai jamais ces grandes heures passées à l'avant du bateau d'où l'on ne voyait même plus le bateau lui-même mais seulement le ciel et la mer tellement unis l'un à l'autre.

C'était plus que tous les livres du monde.

Je reste avec vous dans le grand « ici » du Bon Dieu.

Madeleine

Lettre du 20 juillet 1933 à Madeleine Tissot

Est-ce Brignoud dans l'Isère ?

Caritas   +   20 juillet 1933

Mon cher petit,

Je suis bien joyeuse de vous souhaiter votre fête comme à une « Charité ». Vous devinez tout ce que mon cœur peut désirer pour vous.

Il y a une phrase de l'écriture que j'aime bien : « Il a ordonné en lui la charité. » C'est cet ordre de la charité que je demande au Bon Dieu pour vous, cette tranquillité dans l'ordre que l'on appelle aussi la paix. Je demande au Bon Dieu que vous viviez sans hâte et en perfection ces morceaux d'amour que nous appelons les heures de nos journées. Je demande au Bon Dieu que dans toutes vos actions vous alliez à pas lents pour que chacun de vos pas ait le temps de s'enfoncer jusqu'au cœur du Christ. Il aime mieux que nous allions profond que loin. C'est cela son ordre. Que chaque chose soit assez bien faite pour nous mériter l'éternité.

Il n'y a pas de belle vie faite avec des minutes ratées.

L'ordre de la charité c'est encore que dans chaque acte le surnaturel déborde de partout le naturel, l'imbibe sans le détruire.

Non, n'écrivez pas à Louise, ou simplement des cartes archi-banales sans signes ou mots compromettants.

J'espère que vous vous reposez et soignez frère corps : c'est dans *l'ordre*.

Je suis à Brignoud jusqu'au 31.

Mon respectueux souvenir à votre maman.

Je vous embrasse.

Jésus soit aimé comme il veut.

Madeleine

+

De passage à Paris j'ai vu : Hélène, Guigui, Anne-Marie, M. Th.

C'était très bon !

Lettre du 25 juillet 1933 à Anne-Marie Roux

Anne-Marie Roux sculptait. Quand il fut question de son éventuelle entrée dans les Équipes, le problème de l'installation de son atelier sur la paroisse Saint-Jean-Baptiste d'Ivry, premier lieu d'implantation des Équipes, s'était posé. Elle se maria dans les mois qui suivirent (il est question de son mari dans une lettre du 2 octobre 1934).

+ Caritas   En la fête de St Jacques 25-7-33

Ma bien chère petite sœur,

Comme il est bon de venir vous souhaiter votre fête comme Charité ! Vous devinez tout ce qu'un cœur de sœur demande au Bon Dieu pour vous. Il vous désire parfaite, sainte pour sa plus grande gloire !

C'est quand même chic de penser que nous avons au ciel des marraines qui prient pour nous, qui nous protègent, et essayent de nous inculquer les vertus qu'elles ont le mieux pratiquées sur la terre!

Vous avez un beau métier qui vous fait vivre journellement avec les saints, et pour bien reproduire leur image il faut que vous les connaissiez extérieurement, mais, je crois surtout intérieurement.

Mais ce doit être parfois bien crucifiant de ne pouvoir les faire assez divinement beaux...

Lorsque vous arriverez au ciel ils viendront tous vous accueillir et vous aurez des surprises de les voir tout différents de votre conception... Et lorsque vous sculptez Notre-Seigneur ou la Ste Vierge, vous devez souffrir de ne pouvoir rendre l'image que vous vous faites d'eux.

Notre Dame des Airs est-elle terminée? Avez-vous toujours beaucoup de travail? Avez-vous moins de soucis du côté famille?

Vous savez, je pense bien, bien souvent à vous. Comme je regrette que vous ne puissiez venir profiter de ce beau pays. On est si bien ici. Tout vous parle du Bon Dieu, de son amour, de sa paix... Le paysage est très beau, très reposant. C'est retiré, c'est calme.

À 10 minutes, se trouve le Carmel. On y est si bien pour prier! Et je voudrais pouvoir y aller plus souvent... Comme je voudrais pouvoir vous envoyer un peu de tout cela, un peu de bon air!.. Vraiment le Seigneur me gâte! Remerciez-Le pour moi s.v.p. Encore une marque de plus de son amour... Comme

Il est bon! À certains moments on ne cesse de le dire et le redire!.. Il y a une année, ni l'une ni l'autre n'était Charité. Que de Grâces reçues en si peu de temps... Mais « amour par amour... »!.. Il faut que nous soyons de celles sur qui Il peut compter, toujours prêtes à Lui dire « oui » en tout.

Prions beaucoup l'une pour l'autre, les unes pour les autres. C'est si bon de se sentir ainsi soutenues... Il faut que nous nous préparions pour l'année prochaine : vous en travaillant; votre petite Sœur en se reposant, en priant. Priez pour qu'elle ne laisse rien perdre de ces minutes qui doivent être tout amour, et mériter grâce et lumière pour la charité de Jésus si elles sont comme Il veut qu'elles soient. C'est une grosse responsabilité!

Mais Il est là, heureusement! Il faut avoir confiance et s'abandonner complètement à lui.

Bonne et sainte fête encore, ma chère petite sœur, je vous embrasse très, très affectueusement et vous aime dans la Charité de Jésus.

Jésus soit aimé comme Il veut.

M. +.

Je vous quitte vite pour aller me promener avec mes frères...

J'ai fait la connaissance d'une vieille demoiselle, très chic, qui est de Reims. Où travaillez-vous à Reims et où descendez-vous?

Comment va Mlle Détiange?

Et où est-elle?

2ᵉ Lettre du 25 juillet 1933 à Anne-Marie Roux

Caritas   +   Le 25-7-33

Mon cher petit Roux,

Bonne fête dans le cœur du Bon Dieu. Que Ste Anne fasse naître en vous de plus en plus la vie de Maman Marie qui est la vie du Seigneur Jésus. Qu'elle vous diminue dans sa croissance et vous établisse de plus en plus dans la paix où tout est simple.

Qu'elle vous fasse plus Charité et toute la charité de J. avec vous puisque chaque morceau porte le tout.

Je vous suis tendrement unie. Je pense à vous, fort, en Dieu.

Et vous embrasse de tout mon cœur.

Merci pour votre lettre.

Jésus soit aimé comme il veut.

Madeleine

Lettre du 27 juillet 1933 à Madeleine Tissot

Caritas   +   27-7-33

Mon cher petit,

Merci pour vos deux bonnes lettres. Pardonnez-moi de ne pas écrire beaucoup. J'ai beaucoup de travail.

Oui, il ne se passe pas de jours où je ne demande pour vous à celui qui est la richesse *totale* ce dont vous avez besoin. Il n'aime point que nous thésaurisions mais il ne se lasse pas de se faire « taper » seconde par seconde, dans nos mille et une nécessités. Il faut prier comme on respire. Il faut ne voir qu'un acte après l'autre sans nous demander comment faire pour faire le suivant. Il faut, minute par minute contempler dans ce qui nous arrive les industries de l'amour de Dieu qui nous conforme ou *veut* nous conformer à l'un de ses mystères ou joyeux ou glorieux ou douloureux, mais toujours à la grâce insigne de l'aimer plus. Je serai à Paris le 1er.

Bien à vous très tendrement.

Jésus soit aimé comme il veut.

M. +

2ᵉ Lettre du 27 juillet 1933 à Madeleine Tissot

Caritas   le 27 juillet 1933

Mon bien cher petit,

Merci pour vos chères lettres. Si, bien sûr, il faut envoyer un bulletin de santé à M. l'abbé.

Je suis bien contente de savoir que le Seigneur Jésus ne se lasse pas de vous demander des choses. C'est un peu de nous que nous lui donnons quand nous lui donnons ce que nous aimons, et s'il revient souvent, c'est qu'il nous trouve bons à manger. C'est une réponse à l'Eucharistie. Mon stage se finit bien :

je suis beaucoup moins fatiguée. Frère cœur a bien fait quelques petites frasques mais l'ensemble est bon. Je fais surtout du dispensaire en ce moment.

À vous, mon bien cher enfant.

Jésus soit aimé comme Il veut.

Madeleine

Lettre du 14 août 1933 à Madeleine Tissot

Madeleine Tissot est visiblement proche de celles qui iront, le 15 octobre suivant, implanter la « Charité » à Ivry. Nous savons que douze jeunes femmes avaient participé au premier projet et que seulement trois partirent pour Ivry.

Caritas
+ Angoulême
Le 14 août 1933

Mon cher petit enfant,

C'est en gare d'Angoulême en attendant le départ pour Mussidan que je réponds à votre lettre.

Oui c'est un beau mystère que celui de la communion des Saints dont la communion de la Charité de Jésus est un humble petit morceau. Profitons de cette communion pour y trouver la force d'être pleinement fidèles à cette vocation de sainteté qui est la nôtre, non seulement de sainteté mais de semence de sainteté.

Nous devons nous souvenir à chacune de nos

minutes que nous sommes les premières pierres, les ensevelies, les écrasées, les aveugles, les racines de la maison. La vie de la Ch. de J. sera proportionnée à notre mort, sa force à notre faiblesse, sa lumière à notre aveuglement, sa croissance à notre diminution. Elle doit surgir de notre vide.

Nous n'avons d'ailleurs pour apprendre notre métier, qu'à regarder la pierre initiale, le Christ Jésus. Logeons, comme lui dans la main du Père par une amoureuse obéissance. Laissons ce Père tailler, couper, sculpter, sans qu'un sursaut fasse dévier sa main. Laissons-nous faire. Nous n'avons pas besoin de savoir ce que la Ch. de J. deviendra, mais ce que nous devons savoir c'est que notre « don » est nécessaire à son accomplissement.

Prions, souffrons, copions Jésus, vivons-le sans relâche, dans une fidélité obstinée.

Priez fort pour moi en ce moment.

Je vous embrasse très fort, très tendrement.

Jésus soit aimé comme il veut.

M

+

2ᵉ Lettre du 14 août 1933 à Madeleine Tissot

Le démarrage du groupe de la « Charité » est décidé, probablement par l'abbé Lorenzo : « Je viens de recevoir l'ordre de partir de chez moi… »

Caritas   +   Le 14 août 1933

Mon cher petit,

Merci pour votre bonne lettre. N'ayez pas de scrupule, vous avez eu plutôt moins de lettres que d'autres car je vous savais dans la bonne solitude.

Je viens vous désirer un bon 15 août.

Que Maman Marie vous fasse participer à elle qui est le grand « creux » où le Seigneur verse sa toute plénitude.

Qu'elle vous donne une de ces leçons d'effacement où elle excelle. Effacement du pauvre quelque chose que nous sommes devant le grand rien qu'elle est, ce rien recevant, accueillant. Effacement de notre pauvre raison devant le grand noir vivant de la foi. Effacement de nos petits gestes impuissants devant son inaction sublime, cette « mouvance de l'Esprit Saint » comme disait votre compatriote [11], qui fait de nous passifs des Jésus actifs. Il faut tellement agir sans bouger.

Je viens de recevoir l'ordre de partir de chez moi en même temps que les autres Charités. L'obéissance est un banquet d'amour.

Je vous embrasse.

Jésus soit aimé comme il veut.

Madeleine

+

Lettre du 17 août 1933 à Anne-Marie Roux

Caritas   +   Le 17 août 33

Mon cher Petit Roux,

Que les vacances sont une bonne chose ! Je me délecte dans ces larges journées où Sœur Âme peut respirer à pleins poumons, faire de bonnes promenades dans les grands jardins du Bon Dieu.

Comment va N.-D. des Ailes et sa Maman ? En telle compagnie sa Maman ne peut aller mal. Il n'empêche que de tout mon cœur je prie pour elle pour qu'elle soit, de plus en plus, par un juste retour des choses, la statue du « sculpteur » St Esprit.

Savez-vous que ce n'est pas facile de vous écrire ? Nous avons pris, dans nos conversations des habitudes de T.S.F. auxquelles un papier se prête fort mal !

Pourriez-vous mettre dans votre prochaine lettre quelques cartes postales (de vos enfants) ? Si vous pouviez aussi y joindre un peu du Chemin de + (je vous rendrai le tout), j'aimerais montrer cela à quelques amis d'ici. Merci.

Mes amitiés à votre sœur.

Pour vous, mon petit Roux, toute ma tendresse.

Jésus soit aimé comme il veut.

Madeleine

Lettre du 24 août 1933 à Anne-Marie Roux

Caritas   +   Le 24 août 1933

Mon cher petit frère,

Je suis en croix de vous y savoir et prie fort le Dieu de force d'être avec vous.

Oui la plus dure épreuve à rencontrer est celle dont nous chargeons les autres. Tous ceux qui ont aimé la + du Christ ont été cloués à cette + là. Êtes-vous si sûre de souffrir moins qu'eux ? Je ne le crois pas. La souffrance qu'on donne s'abat sur nous avec une force inouïe : c'est une tempête.

Que cette + vous conduise où Jésus voudra, je l'en bénis dans la Foi. Nos bras ne font pas le tour du Christ quand nous ne tenons pas la + avec lui. Tant que nous voyons clair en souffrant nous ne savons rien de la Passion. C'est la grande différence qu'il y a entre les amateurs de la + et ses amants. Les premiers la regardent et l'aiment avec leurs yeux ; les autres l'épousent en s'étendant sur elle : ils ne peuvent pas la voir, elle est toujours dans leur dos.

Merci pour les photos.

N.-D. de la Charité ou Ste Marie de la Charité ?

M. l'Abbé dit que vous n'avez peut-être pas le temps.

Comment je la vois ? Je ne sais pas, je n'ai pas ce qu'il faut pour savoir.

Il me semble qu'il faudrait qu'elle soit toute 1 avec Jésus et aussi toute donnée au monde.

Je vous embrasse, mon petit Roux, avec toute ma tendresse. Si très souvent je vous l'ai mal dite, je vous la redis ce soir totale.

Jésus soit aimé comme il veut.

Madeleine

Carte postale du 19 septembre 1933 à Anne-Marie Roux

Carte écrite au retour du premier voyage à Rome de Madeleine. Le voyage suivant n'aura lieu qu'en mai 1952 et fut suivi de neuf autres entre 1953 et 1962.

Le recto de la carte représente un dessin de la « Tomba di Fra Giovanni da Fiesole » c'est-à-dire Fra Angelico.

Caritas   +   Le 19 Sept. 33
Mon cher Petit Roux,

Comme il y a longtemps que vous êtes muet. J'avais essayé de vous voir ou de vous téléphoner à Paris mais sans aucun résultat.

Je reviens de Rome dans la joie de cette communion plus étroite au cœur de l'Église. Comme on est joyeux de son Baptême, dans ce vrai pays de tous les baptisés. J'y ai très fort prié pour vous le Bon Dieu et tous ses Saints qui là-bas envahissent tout.

Je serai à Paris le 26.

Bien à vous.

Jésus soit aimé comme il veut.

Madeleine

Lettre du 21 septembre 1933 à Anne-Marie Roux

Caritas   +   Le 21 Sept 33

Mon bien cher petit Roux,

Merci pour la belle Maman Marie que je vous dois. Je l'ai mise à Complies dans mon Bréviaire, l'heure qui parle le plus du départ chez le Bon Dieu.

Elle est très belle, mon petit Roux, et elle apprend beaucoup de ce qu'elle regarde. Qu'elle vous repose dans sa douceur. On ne perd jamais son temps à souffrir : vous aiderez ainsi à ce dur démarrage.

Je serai mardi à Paris.

Vôtre dans la Charité.

Jésus soit aimé comme il veut.

Madeleine

Dites à votre sœur combien je m'associe à ses misères et comme je désire pour elle un vrai mieux.

Lettre du 24 septembre 1933 à Madeleine Tissot

Les trois vont bientôt partir pour Ivry. Reste sur place, à la paroisse Saint-Dominique, la première « Charité de Jésus », ainsi que se nommait le groupe de cheftaines engagées ensemble sur Saint-Dominique auprès des pauvres. D'après la lettre ci-dessous, Madeleine Tissot en faisait partie.

Le 24 septembre

Mon cher petit,

Oui, vous retrouverez une Charité de Jésus très diminuée par notre grand départ. Vous faites bien de remercier le Bon Dieu, comme je le fais moi-même, de vous permettre d'aller à lui à pleines voiles.

Ce n'est pas notre faute. Sa grâce et ses grâces ont tout fait, ont agi sur nous et sur les nôtres. Nous ne pouvons que consentir : la force n'est pas de nous, ni à nous, c'est un splendide cadeau.

Et bien non, ma petite infirmière, c'est une vilaine malade que vous allez retrouver. Durant ces deux mois mon estomac a été très méchant et ne supporte pour ainsi dire rien. Quand je ne le force pas à prendre davantage, je me sens très bien.

Mais c'est une petite chose. La grande affaire, c'est cette possibilité si proche maintenant de « recommencer » le Seigneur Jésus, de le « montrer », d'être **prêcheurs de vie**.

Je vous donne souvent à Jésus et à sa maman, les suppliant de vous grandir en grâce.

Je vous donne une petite prière que j'aime bien dire à Maman Marie :

> Maman Marie,
> Je mets mes yeux dans vos yeux,
> ma bouche dans votre bouche
> mes gestes dans vos gestes
> mon esprit dans votre esprit
> mon cœur dans votre cœur
> pour pouvoir recevoir la ressemblance parfaite
> de Notre Seigneur Jésus-Christ.

À bientôt, mon cher petit.

Il y a (je crois) réunion de la Charité, mardi soir.

Jésus soit aimé comme Il veut.

Madeleine

Lettre du 6 octobre 1933 à Jacqueline Grenet

Amie de Madeleine, cheftaine avec elle, médecin pédiatre, a souvent collaboré avec les Équipes, en particulier à Herserange, près de Longwy, et en Algérie.

+   Le 6 octobre 1933

Mon cher petit Jacques,

Je viens t'apprendre mon départ, le 15 octobre, avec un petit groupe religieux qui s'appelle « la Charité de

216

Jésus » et qui veut d'abord vivre l'Évangile à la lettre, ensuite aider les Prêtres et les Paroisses.

On nous confie « l'apprivoisement » du Plateau d'Ivry. Prie fort pour nous.

Toujours bien à toi.

Madeleine

+

à partir du 15 :
Œuvres St-Jean-Baptiste du Plateau
207 route de Choisy
Ivry s/Seine

Lettre du 13 octobre 1933 à Madeleine Tissot

L'abbé Lorenzo va recevoir l'engagement de Suzanne Lacloche, Hélène Manuel et Madeleine Delbrêl. Le voyage jusqu'à Ivry se fera en tramway depuis la place d'Italie, avec la statue de la Vierge sculptée par Anne-Marie Roux spécialement pour elles.

Le 207 Route de Choisy est alors l'adresse de la paroisse Saint-Jean-Baptiste d'Ivry. Cette adresse deviendra 207, rue de Paris, encore du temps de Madeleine. Actuellement c'est le 146, bd de Stalingrad à Ivry.

Caritas   +   Le 13 octobre 1933
Mon cher petit,
Demain soir 14, à 9 h, 3 de vos petites sœurs, Suzanne,

Hélène et moi, recevrons de M. l'Abbé leurs petites +. Elles prononceront leur engagement dans la Charité. Dimanche soir elles partiront en Mission. N'oubliez pas que votre abandon fait partie de ce que nous devons donner et que votre fidélité à la toute douce et crucifiante volonté du Seigneur Jésus. C'est donc très en union avec ce que vous pouvez souffrir en ce moment que ce départ se fera. Priez sans relâche : nous sommes tellement rien. Priez pour les nôtres.

À vous, mon cher petit, du meilleur de mon cœur.

Jésus soit aimé comme il veut.

Madeleine

+

207 Route de Choisy Ivry s/Seine

Lettre du 15 octobre 1933 à Louise Salonne

La précédente lettre à Louise Salonne date du 19 août 1931. En 1970, Louise se rappelle combien cette lettre l'avait touchée : « Avec quelle émotion je lus le billet du 15 octobre 1933 […] »

+   Le 15 octobre 33

Bien chère Louise,

Je ne veux pas partir sans avoir réparé près de toi un long silence.

J'entre ce soir dans un groupe religieux nouveau : la « Charité de Jésus », donné à la vie évangélique et au service des paroisses.

Je te reste unie et t'embrasse.

Ta
Madeleine

207 Route de Choisy Ivry s/Seine

Lettre du 20 octobre 1933 à Anne-Marie Roux

Caritas   +   Le 20 oct. 33

Mon cher Petit-Roux,

Répugneriez-vous à faire le catéchisme à 6 ou 8 enfants : de vrais sauvages! Si, non, vous seriez très désirée et très utile, au Plateau chaque jeudi (au lieu du mardi).

Si vous connaissiez des gens qui pourraient nous donner chaque jeudi de 8 h 30 à 11 h, envoyez-les dare-dare. Il les faudrait, dès jeudi! Dites-le à tout le monde.

Je vous embrasse fort.

Jésus soit aimé comme il veut.

Madeleine

+

Lettre du 25 octobre 1933 au groupe resté à Saint-Dominique

La « Charité », le groupe de cheftaines de la paroisse Saint-Dominique, tenait un journal. La lettre qui suit, de Madeleine Delbrêl, Suzanne Lacloche et Hélène Manuel, est agrafée sur les pages du 25 octobre 1933, dans le tome 4 de ce journal. Les trois compagnes sont à Ivry depuis quinze jours et écrivent au groupe resté à Saint-Dominique.

Caritas   Ivry
                                             Le 25 oct. 33

Bien chères toutes,

Ivry, par crainte d'être oublié, vient vous dire que, ce soir, il est très avec vous et que, dans sa prière de fin de journée, il demandera très fort au Bon Dieu que, de votre réunion, vous sortiez toutes plus au goût du Seigneur.

La semaine prochaine nous espérons vous écrire une lettre plus longue et prendre notre part aux discussions.

Aujourd'hui nous vous envoyons de très belles choses trouvées dans un livre, sûres que vous les aimerez comme nous les avons aimées.

De notre mission, bien peu de choses à dire : nous démarrons en tout petit.

N'oubliez pas de prier pour nous comme nous prions pour vous, pour que nous soyons du bon grain dans le sillon.

Nous vous appelons à l'aide pour les catéchismes : dès demain!

Rendez-vous pour celles qui pourraient venir à 8 h 20 – 207 route de Choisy, tram 83, arrêt les Isolants.

À vous dans la Charité.

<table>
<tr><td>Madeleine</td><td>Suzanne</td><td>Hélène</td></tr>
<tr><td>+</td><td>+</td><td>+</td></tr>
</table>

Lettre du 28 octobre 1933 à Madeleine Tissot

La date, qui ne figure sur la lettre que sous sa forme liturgique, a été reconstituée.

Centre d'action sociale   Caritas +
207, route de Choisy   1res vêpres du Christ-Roi
Ivry-sur-Seine
Italie 17-48

Ma chère petite sœur,

Merci de votre grande lettre. Que ce thermomètre est donc gentil de consentir à rester dans une humilité satisfaisante. Oui, tout va bien ici, très bien. La Mission, Hélène, Suzon dans sa campagne. La Charité se réveille. L'apaisement se fait avec les premières petites sœurs. Mais tout cela demande beaucoup, beaucoup de temps et mes lettres, c'est trop souvent dans le cœur du Seigneur que je vous les écris.

Frère Corps tient le coup.

Quelle belle fête demain et quelle joie de pouvoir se nourrir tout spécialement de cette pensée de Jésus-Roi. J'en ai le cœur trop tout plein pour pouvoir en parler. On a simplement envie de s'enfoncer dans un abîme de rien pour que de ce rien surgisse le « Tout » du Roi de gloire. Roi de la Terre et Roi du Ciel ; Roi des Cœurs et Roi des Esprits ; roi des individus, roi des groupes, roi des nations, roi de Tout… Appel à l'Esprit de Sainteté pour qu'il imprègne le « tout » humain, toutes les faces de la vie humaine, pour que la grande famille humaine devienne, soit en vérité la Sainte Église, Royaume du Christ-Époux.

Oui de tout notre cœur avec vos petites plus malades.

Jésus soit aimé comme il veut.

Madeleine

+

Lettre du 28 novembre 1933 à Madeleine Tissot

« Pt Rx », abréviation de « Petit Roux », surnom que Madeleine donne à Anne-Marie Roux.

La cérémonie du départ a eu lieu dans l'atelier d'Anne-Marie Roux, est-ce celui dont Madeleine donne l'adresse quelque temps après : *19 bis villa Seurat (au 101 rue de la Tombe-Issoire)?*

La signification exacte de cette nouvelle dénomination que se donne Madeleine n'a pu être trouvée : M. F. de J.

Je vous enverrai le Départ dans ma prochaine lettre

[mention autographe écrite en travers en haut à gauche de la lettre]

Caritas   +   Le 28 nov. 33

Mon cher « tout petit »,

Merci pour votre bonne chère lettre.

Pour la question que vous me posez j'en parlerai avec M. l'Abbé à la première occasion.

Je suis contente de vous avoir écrit ma dernière lettre : je vois que cela était utile.

Je vous envoie la « cérémonie » du « départ », telle qu'elle a eu lieu dans l'atelier de Pt Rx et telle qu'elle aura lieu quand une Charité, ayant fini son Séminaire sera envoyée en mission.

Je vous demande de me le retourner dans votre prochaine lettre.

Si vous saviez comme vous êtes au milieu de nous, ma chérie, et comme nous vivons de vous et pour vous.

Priez un peu plus fort pour moi ces temps-ci : oui, les exigences de l'Amour sont immenses et il faut les contenter. Cela ne se fait pas sans sa force. Mais à cette force tout est possible.

Priez pour Ivry où le péché officiel du laïcisme rouge est si affreusement affiché. Satan règne. Il n'y a que la + pour le vaincre.

Mais ne cessons pas quand même d'habiter notre vraie maison du Ciel où rien ne nous sépare du très Aimé, ni le noir, qui n'empêche pas la foi, ni notre faiblesse, qui force le secours, ni notre misère, que l'Amour de Dieu transfigure. Livrons-nous à cet amour. C'est notre seule tâche. Qu'il nous couche ou qu'il nous lève, qu'il nous conforte ou nous brise, qu'il nous enivre ou qu'il nous broie, sachons reconnaître en tout la même étreinte unifiante, le même rendez-vous de fusion.

Je vous embrasse de toute ma tendresse.

Et je vous laisse au Seigneur.

Jésus soit aimé comme il veut.

M. F. de J.

+

(devinez ?)

ce n'est pas un usage de la Ch. !

Lettre du 20 décembre 1933 à Madeleine Tissot

Centre d'action sociale   + Caritas
207, route de Choisy   20-12-33
Ivry-sur-Seine

Mon cher tout petit,

Oui, ne refusez rien, donnez tout : c'est en donnant tout que nous recevons tout : ce tout qui nous remplace et dont la joie est de vivre là où notre néant laisse de la place.

Souffrez bien. Quand on souffre on a la bonne certitude de ne pas se tromper. Les lumières même très dépouillées nous inquiètent toujours un peu, nous avons peur de ne pas aimer pour aimer : la lumière de la +, elle, est toute sûre. Elle nous apprend Jésus, elle nous l'apprend dans notre chair, dans notre cœur, dans notre esprit : nous voyons parce que nous vivons et parce que la vraie lumière c'est la vie. Chaque douleur est un rayon du Corps resplendissant de Jésus-Notre en +. Apprenons-le. Lisons les souffrances les unes après les autres, lentement, amoureusement. La souffrance est la meilleure des oraisons.

Priez bien pour moi comme je prie pour vous : je suis un abîme de misère.

Je fais passer votre lettre à la Charité. Nous, nous n'y allons pas. Nous sommes pour de bon des « parties ».

225

Au revoir, ma chérie. Non, le froid, si besoin en est, ne m'empêchera pas de courir à vous.

Ne nous hâtons pas, prions et abandonnons-nous. Jésus soit aimé comme il veut.

M

+

Lettre de 1934 à Anne-Marie Roux

+ Vendredi

Mon cher Petit Roux,

Je pars pour Loisail jusqu'à demain soir.

1) Voulez-vous que M.Th., vous et moi nous réunissions lundi, 6 h, chez vous. (Sinon, prière téléph. à M.Th. et à maman ou moi).

2) Services :   Pita   assuré
                       Détiange   "

3) Si vous désirez 1 service vous pourrez aller cette semaine 1 fois chez Mme Jarry, mais, en me prévenant car je devrais y aller : je peux le faire sans aucune gêne.

Bien à vous en +

Madeleine

Lettre de janvier 1934 à Louise Brunot

Louise Brunot est un membre des Équipes. Elle vit aujourd'hui à Villecresne, dans le Val de Marne, dans une maison de retraite où elle vient de fêter son centenaire.

Le prêtre dont parle Madeleine en l'appelant M. l'abbé est l'abbé Lorenzo qui vient juste d'être nommé curé d'Ivry.

Cette lettre non datée a été située par rapport à son contenu.

Mon cher petit,

C'est pendant un cours de Mlle Giroux que je prends la récréation de vous écrire. J'ai été, vis-à-vis de vous, bien muette ces temps-ci. Mais, ce temps de Noël a été pour nous assez chargé, et, d'autre part, je suis très souffrante ces semaines et obligée de supprimer tout ce qui est supprimable. Heureusement Hélène et Suz. laissent aujourd'hui leur situation.

Oui, vous avez deviné juste! M. l'Abbé est maintenant curé d'Ivry et ce n'est qu'un chapitre de plus à l'histoire de la bonne Providence vis-à-vis de nous.

Savez-vous que nous avions dû nous jeter très fort dans les bras de cette Providence au moment du départ de M. Soutif pour ne pas nous laisser poser des points d'interrogation. Or après mille et une aventures, malgré son âge, malgré son rang de 2^d vicaire, M. l'Ab. est donné à Ivry et Ivry à M. l'Ab. Il faut beaucoup prier

pour lui car c'est un rôle écrasant que d'être officiellement, dans la cité humaine et chrétienne, l'homme de
Dieu. Le Curé est le responsable de la Cité.

Chez nous la vie de famille continue pleinement
heureuse avec Jésus au milieu de nous.

Nous vous donnons nos vœux, mon tout petit.
Vœux de charité. Que cette année vous fasse cet holo-
causte triomphant qu'est toute âme absolument livrée
au grand brasier de l'esprit d'amour. Que vous soyez
de plus en plus un « sacrifice », une « chose sainte ».
Rien n'est plus grand aux yeux du doux Seigneur que
notre anéantissement total, où la nativité de Jésus peut
recommencer.

Je vous embrasse bien tendrement.

Jésus soit aimé comme il veut.

M

+

Prières   [Marie Th. et Pierre
                 [Deux Assistantes Sociales protestantes
                 d'Ivry que nous instruisons
                 [1 Jeune fille de 25 ans non baptisée
                 que nous instruisons

Lettre du 2 mars 1934 à Madeleine Tissot

Caritas   + Le 2 mars 1934
Centre d'action sociale
207, route de Choisy,
Ivry-sur-Seine

Mon cher petit,

Quel long silence n'est-ce pas ? Croyez bien que ce n'est pas en l'honneur du Carême car j'espère que nos lettres sont assez à voix basse pour que nos cœurs ne perdent pas le silence du Désert. Ici, tout est toujours très bien au milieu de la Pauvreté de notre Jésus et avec ses chers amis les pauvres. Les journées doivent tellement ressembler aux siennes que l'on est tout perdu de reconnaissance devant la grâce de pouvoir les vivre.

Je vous fais cadeau d'une splendide parole de notre Christ à Ste Catherine : « Ta mesure sera ma mesure. » Cette parole, je l'ai trouvée dans une lettre de direction reçue par Élisabeth de la Trinité de son Père en Dieu. Quelle splendeur n'est-ce pas que de pouvoir choisir l'Amour après avoir été choisies par lui. Mais, ma chérie, que son Règne est donc long à venir sur la terre, et quelle angoisse devant les maux du Mal. C'est si écrasant que mon âme crie comme toute seule vers le Bon Dieu, lui demandant des Charités. Il faudrait tant que dans la terre de chaque Paroisse une charité soit enfouie, pour que, de ce grain beaucoup naissent. Vivons le Christ et nous ferons l'œuvre du Christ. Mais, que le monde est donc long à sauver.

M. Th. m'a montré vos nouvelles. Je ne dis devant elles qu'un point suspensif…

Au revoir, mon cher tout-petit. Que Jésus vous soit tout et aimez-le un peu de ma part.

Jésus soit aimé comme il veut.

Madeleine

+

Lettre du 12 mars 1934 à Madeleine Tissot

« Notre Père » est évidemment ici l'abbé Lorenzo.

Caritas   +   Le 12-3-34

Mon bien cher petit,

Merci de votre bonne lettre.

– Vous aurez d'ici 8 jours 1 missel à tranches brun violet comme celui dont je me sers.

– Je vais tâcher d'aller embrasser votre maman après-demain.

– Vos nouvelles ? Attendons. Dieu peut tout dans les deux sens. Laissons-le faire. Son sens à lui est le seul bon sens.

– Le jour où votre lettre m'est parvenue j'avais justement parlé avec notre Père de ma petite visite près de vous.

– Je l'ai vu au sujet de ce que vous me demandez. Il m'a donné ordre de le faire. J'en suis infiniment indigne, mon pauvre petit : pardonnez-le moi.

Notre esprit, mon petit, il est, en résumé, d'être Jésus, de vivre Jésus, de mourir Jésus.

Toute la Règle en revient à cela. Cela, c'est la raison de tout, raison sans laquelle nous n'agirions pas, nous n'aimerions pas souffrir.

Il serait plus logique de parler avec vous de ce « être Jésus » ou de ce « vivre Jésus ». Mais, ce soir, peut-être parce que la Passion est si proche, peut-être aussi parce que je sais si fort ma misère, je n'ai la force de vous parler que de la +, que de mourir Jésus.

Et après tout c'est peut-être par elle qu'il faudrait toujours commencer. Je crois qu'il y a deux + la + blanche et la + rouge. La + blanche il faut passer par elle pour le moindre acte d'amour du Bon Dieu. Elle est la + négative. Elle est la mort de nous-mêmes. Elle est l'obéissance dans son sens le plus large : le non-vouloir en tout ; l'adhésion vigoureuse à la règle emprisonnante des plus menues circonstances. La + blanche est ce qui fait la place de Jésus en nous. La + rouge, elle, c'est la + positive. C'est vraiment la douleur d'esprit, de cœur et de corps. C'est elle qui nous configure au crucifix. C'est elle qui nous fait mourir Jésus, qui lui permet de continuer sa Passion tout à son aise, qui lui permet de continuer à aimer le monde à prix de larmes, à prix de sueurs et à prix de sang. Nous sommes le lieu de sa Passion perpétuelle.

Toute douleur qui nous mord, si petite soit-elle,

que ce soit dans la chair de notre corps, ou dans le vif de notre cœur, ou dans l'âme de notre âme, c'est, si nous nous sommes bien quittés, un peu du Calvaire qui continue.

Et, ça, c'est l'œuvre par excellence, de laquelle toutes les autres tirent leur efficacité. Nous cessons d'agir quand nous cessons de souffrir.

Et puis, ce n'est pas tout. La + c'est le livre d'amour, et, il faut bien le dire, beaucoup de ses lignes nous sont obscures. Qui peut dire la douleur de trouver dans la Passion tant de mots qu'on lit sans les vivre. Joie, d'en voir qui s'éclairent quand on les a soufferts, quand on les souffre, en esprit et en vérité. Joie, de voir la moindre petite douleur prendre sa place dans cette « Somme » des douleurs qu'est l'humanité du Seigneur Jésus.

Ah! si nous avions la Charité, la Charité pour nos frères et la Charité pour celui qui est notre Seigneur, nous souffririons le martyre de n'être pas des martyrs. Mais pourtant le martyre : Jésus est trop bon pour nous le refuser, tous nous pouvons l'avoir.

… Mais, je parle beaucoup. Excusez-moi mon cher petit.

Priez pour ma misère et pour que la miséricorde de Dieu me pardonne.

Je vous embrasse avec *toute* ma tendresse.

Jésus soit aimé comme il veut.

MF

Merci pour la Messe! +

M. Th. est lamentable!.. et que faire…

232

Lettre du 31 mars 1934 à Madeleine Tissot

Date reconstituée.

Caritas   +   Le Samedi Saint
                                                    1934

Ma bien chère petite sœur,

En l'honneur de Pâques je viens vous dire une nouvelle que je trouve toute joyeuse : si vous voulez de moi je serai près de vous le lundi de Quasimodo pour deux ou trois jours. Pouvez-vous me répondre par retour ?

Inutile de vous dire, ma chérie, comme je m'associe à cette + que Jésus, dans son amour, vous donne. Je le bénis tout en souffrant de vous savoir souffrir. Que Pâques nous donne sa grâce spéciale qui est une Foi vitale, dynamique, unissante, transformante, au Christ ressuscité qui ne meurt plus. Il est si grand, si total notre Jésus que nous avons un peu de mal à ne pas l'amputer de quelque chose de lui-même. Quand nous nous anéantissons dans le Fils de Dieu nous sommes parfois tentés d'avoir quelque oubli du Fils de l'Homme ; quand nous vivons du Fils de l'Homme nous abandonnons parfois un peu l'adoration du Fils de Dieu. Supplions-le, d'être pour nous le Ressuscité et de nous révéler tout ce que l'Eucharistie *est*. Plus je vais plus je pressens qu'elle est la « Somme » de l'Amour. Somme de l'Amour de Dieu pour lui, somme de l'amour sacerdotal, somme de l'amour d'oblation, somme de l'amour de solidarité, de communion dans le sens fort du mot.

L'Eucharistie : elle est notre tout et toute notre vocation consiste à lui ajouter ces apparences humaines et cette souffrance actuelle que Jésus n'y a plus. Nous devons être le signe de l'Eucharistie.

Je vous embrasse très tendrement.

Jésus soit aimé comme il veut.

Madeleine

Oui, je veux bien que vous m'envoyiez l'argent.

Nous avons un compte courant de chèques postaux :

Paris C. C. 1767.80

Théo vient de perdre son père : je crois qu'un mot de vous lui serait sensible : Prost 9 rue Nicolas Taunay 14°.

Lettre du 11 mai 1934 à Madeleine Tissot

Madeleine Aubert était une autre amie de Madeleine et du petit groupe. Elle devint religieuse.

Caritas   +   11 mai 34

Mon bien cher petit,

J'ai dévoré tous les détails de votre nouvelle vie. Remercions pour tout.

Je viens d'écrire à Madeleine Aubert qui prend l'habit demain.

Que Dieu est bon de nous aimer.

Nous ne comprendrons qu'au Ciel ce que cela représente.

Comme tout est petit à côté de ce fait immense : « Dieu nous aime! »

Et le métier de l'amour c'est de rendre un ce qui était multiple, et cet amour est infini. Si nous arrêtions notre vouloir nous serions des Saints très vite, des conquêtes du feu d'amour. C'est le bois vert qui l'empêche de brûler.

Je vous demande bien particulièrement votre prière pour aimer de plus en plus la douce + de Jésus. Je l'aime si peu, si mal!

Comme c'est bon de penser que chaque jour le Ciel approche et qu'une vie, même très longue, c'est un point dans l'éternité, et que nos fautes finiront et que la charité ne finira pas.

Et que Dieu est bon de nous faire déjà habiter le ciel : comme nous en profitons peu.

Toujours entendu pour la Fête du Sacré-Cœur.

Je vous embrasse de toute ma tendresse.

Jésus soit aimé comme il veut.

+

Lettre du 4 juillet 1934 à Madeleine Tissot

Madeleine Tissot était gravement malade, atteinte de tuberculose.

Caritas   +   Le 4 juillet 1934

Ma chérie,

Votre lettre ne m'a pas apporté les nouvelles que mon cœur en chair aurait peut-être désirées. Mais, ce sont les nouvelles que le Cœur de Jésus a voulues : ce sont les plus belles du monde.

Pour l'obéissance, ma petite sœur, ne vous troublez pas. La maladie est une mine d'actes d'obéissance : tout y est merveilleusement prévu, et, voyez comme c'est Charité de Jésus, sur le plan extérieur seulement. Livrez-vous amoureusement à cet asservissement de votre corps, en union avec ce beau mystère où notre Jésus est étendu sur la +. Et puis il y a encore cette obéissance tangible au vouloir divin qui réside dans la soumission aux misères de votre pauvre corps. Tousser, cracher, avoir les morsures de la fatigue en vous, tout cela, c'est comme des ordres que Jésus donne, dans le détail à votre corps, pour l'immoler, bien à son aise, sur l'autel d'une obéissance toute intime.

Il y a une phrase de Ste Catherine que j'aime bien. « L'amour commence là où finit l'obéissance » : elle creuse la capacité d'amour. Elle fait en nous la place du Ciel. Accueillons-le par elle, ce Ciel, ce Ciel qui est

Jésus, la Splendeur de Dieu. Le connaître, s'enfoncer dans l'adorable, dans l'insondable mystère de sa beauté et, à chaque minute, vivre un peu plus de Ciel, un peu plus du Ciel. On parle toujours de la bonté de Jésus on ne parle pas assez de sa beauté. Elle est pourtant le principe de notre amour. C'est parce que nous le trouvons beau que nous voulons devenir un avec lui, que nous voulons l'aimer.

Vous recevrez dès l'examen passé, des choses à lire : retraite etc.

À Dieu mon petit enfant.

Hélène vous a-t-elle écrit que son frère est pris du côté poumons ?

Votre pauvre chère maman a bien des inquiétudes, dites-lui toute ma respectueuse affection.

Je vous embrasse avec toute ma tendresse.

Jésus soit aimé comme il veut.

Madeleine

+

Donnez-moi des nouvelles de la petite de Regina.

Lettre du 20 juillet 1934 à Madeleine Tissot

Les examens dont il est question dans cette lettre sont ses premiers examens à l'École pratique de service social où elle est entrée en 1932. Elle y obtint la mention Très Bien. La colonie dont elle parle est évidemment une colonie de vacances.

La signature « votre mamma » est un exemple de plus du goût pour les surnoms dont ces jeunes femmes usaient entre elles.

Caritas   +   Le 20 juillet 1934

Mon bien cher petit,

Merci de votre bonne grande lettre. Je ne vous réponds qu'un petit mot car je sors de nos examens fatiguée au-delà des limites et pour pouvoir faire la Colonie je dois rogner sur tout!

Ici tout va toujours très bien dans la vie reçue de Jésus. Chaque jour nous lui rendons grâce de nous y avoir conviées. Chaque jour aussi, mon cher petit, je m'unis par lui un peu plus aux très chères dont vous êtes. Non, les séparations ne sont pas possibles quand on a cette **vie commune** qui est l'habitation dans sa volonté; la nourriture qui est Lui-même, le champ de travail qui est indiqué par toutes les minutes. Cela seul sépare qui n'est pas la divine volonté.

Je « tire » pour vous les Antiennes des Vêpres de la Fête du Précieux Sang (1er juillet).

238

Jésus soit aimé comme il veut.

Votre

Mamma

+

Je vous écrirai au début d'août !

Lettre du 21 juillet 1934 à Madeleine Tissot

Les initiales B. K. signifient Bacille de Koch, ce qui nous donne la clef de la maladie – la tuberculose dont souffrait Madeleine Tissot. Hélène est ici Hélène Manuel, un des trois membres de la toute première équipe.

Caritas   +   Le 21 juillet 1934

Mon cher petit,

Merci pour votre bonne lettre. Nous sommes tellement contentes de savoir que vous avez pu avoir la joie de ces fêtes. Et puis je suis heureuse que B. K. joue un peu « Relâche ».

Avec la joie que vous pouvez deviner je suis revenue à la Mission. Notre petite Hélène est revenue et nous avons mieux compris que jamais la grâce de notre petite fraternité. Cette grâce est double puisqu'elle permet l'exquise + d'en faire le sacrifice à Notre Seigneur quand cela lui fait plaisir : n'est-ce pas ma chérie, qui me manquez tant !

Ce que je voulais dire pour l'obéissance c'est que,

au fond il y a ce qu'on appelle généralement « obéissance » et qui est la soumission de notre volonté à celle d'un autre, mais qu'il y a aussi une autre obéissance, qui ne mérite même pas ce nom, et qui est la *fusion* de notre volonté dans la volonté du Seigneur Jésus. C'est ne même plus dire « oui », mais être tellement dans la « mouvance du St Esprit » comme parle St François de Sales que ce soit un acte commun de volonté. Et comme l'Amour c'est l'unité, cet acte d'« obéissance » est vraiment amour.

Mon bien cher petit, je vous souhaite une vraie bonne fête. Je suis bien contente de me rencontrer avec vous dans cette fête qui, elle aussi est une fête d'amour.

À St Germain j'ai beaucoup fréquenté le Carmel et j'en reviens plus persuadée que jamais des similitudes existantes (toutes proportions gardées) entre le Carmel et nous.

Nous avons eu à la Charité, lundi, une bien bonne réunion. M. l'Abbé nous a justement parlé du Carmel, de son triple esprit de solitude, de +, de prière pour le sacerdoce.

Hier soir (réunion décalée à cause des absences) conférence de notre Père sur les Processions divines dans la Trinité et digressions sur la Contemplation et l'Apostolat : *bonne* soirée.

En Jésus je vous quitte, mon bien cher petit, je m'unis à vous dans la Prière qui est nôtre et dans ce qu'elle demande.

Jésus soit aimé comme il veut.

MF

+

Quand vous n'aurez plus besoin des notes pouvez-vous me les retourner?

Lettre du 18 août 1934 à Madeleine Tissot

Suzanne est probablement ici Suzanne Lacloche, elle aussi un des trois membres de la première équipe. « Vieux-Loup » (cf. lettre du 1er juin 1929). Madeleine s'était vu décerner de son côté le totem d'« Abeille Joyeuse ».

Centre d'action sociale   Caritas + 18 août 34
207, route de Choisy
Ivry-sur-Seine
Italie 17-48

Mon bien cher petit,

Figurez-vous que je vous suis tout particulièrement unie dans le mode d'activité! Suzanne est arrivée le 15. Depuis des mois je ne tenais plus debout. Examen, début de colonie avec tuile sur tuile : Claude nous laissant, Hélène avec angine etc. C'est une grâce du Bon Dieu d'avoir pu attendre l'arrivée de Suzon. 1 heure après son arrivée j'étais par les soins de notre père, sur une chaise longue, dans le jardin, goûtant les « délices » de la détente. Tout craque à la fois et je suis parfaitement incapable de quoi que ce soit : foie, estomac, intestins, cœur… N. S. s'amuse. Aussi excusez ce mot laconique mais écrire m'est excessivement difficile.

Je vois, ma chérie, que Jésus vous cloue sans relâche sur la douce +. Avec vous je lui dis merci. L'inaction ne change rien dans une charité, c'est son union à Dieu, c'est son adhésion à l'amour qui compte. Il faut que cet amour nous trouve rivées dans l'unité : qu'il y ait joie ou douleur, action ou oisiveté, vie ou mort, une chose seule est nécessaire, être vides de nous et toutes gonflées du Christ Jésus. Lui, il est toute la +, toute la Sainteté, tout l'acte, tout l'être, il est « celui qui est ». Ce n'est pas ce que nous faisons qui compte mais notre immobilité dans laquelle est son mouvement ; notre silence qui permet sa parole ; notre néant qui permet son être. Tout le reste est sans intérêt, ce n'est que fonctions : on respire, on a du sang qui circule, tout cela nous ne nous en inquiétons pas nous sommes tout à nos intérêts, de même nous agissons ou nous nous reposons, nous parlons ou nous nous taisons, nous pâtissons ou nous jouissons : ce n'est rien : ce qui est c'est de « se livrer à l'amour ».

À vous dans cet amour.

Jésus soit aimé comme il veut.

Madeleine

+

Ci-joint une lettre du Vieux Loup : renvoyez-la svp.

La colonie va très bien : elle dure → 4 sept.

Puis semaine ensemble et retraite : vous la vivrez avec nous n'est-ce pas ?

Lettre du 17 septembre 1934 à son père

Bernadette est le prénom d'une femme que le père de Madeleine avait rencontrée à Paris et qui l'avait suivi à Mussidan. C'est la volonté d'imposer cette femme à la maison qui avait précipité la rupture du couple.

Centre d'action sociale   Caritas + 17. Sept. 34
207, route de Choisy
Ivry-sur-Seine
Italie 17-48

Mon cher petit Papa,

Me voici à Paris, toute heureuse de ces quelques semaines à passer Place St Jacques. Mais, j'avoue que je ne les prévoyais pas ainsi et que ton absence m'est plus que pénible.

Tu seras le premier à comprendre qu'il me soit difficile d'aller à Mussidan dans les circonstances actuelles : je ne me vois pas plus descendant à l'Oustal que chez Tante, ou que chez Jean.

Je comprends, de mon côté, que Bernadette ait besoin de repos après sa secousse et l'amitié que j'ai pour elle me fait faire le sacrifice de quelques jours de vacances avec toi.

Mais ne pourrais-tu avancer un peu ton retour et être ici Dimanche? Nous aurions ainsi deux semaines à passer ensemble (je n'ai l'intention que d'aller 48 h voir Tante au début d'octobre).

Je t'assure que je me résigne très mal à être ainsi privée de toi pendant un aussi long morceau de mon temps de famille et je suis sûre que Bernadette sera de mon avis.

Réponds-moi vite. Dis-moi où en est ton poignet.

Je t'embrasse avec toute ma tendresse.

Un bon baiser à Bernadette.

Ta toute petite
Madeleine

Lettre du 22 septembre 1934 à Anne-Marie Roux

Anne-Marie Roux, on le sait, était artiste et faisait de la sculpture. Madeleine reprend pour elle l'image de Dieu sculpteur qu'elle a déjà utilisée dans ses grands poèmes de 1928 sur l'art. C'est l'époque où sa correspondante vient de décider de se marier.

Caritas + le 22 sept. 34

Centre d'action sociale
207, route de Choisy
Ivry-sur-Seine
Italie 17-48

Mon petit Roux,

Hélène m'a dit que votre route était orientée. Je préfère venir à vous avant notre prochaine rencontre pour que cette rencontre n'ait rien pour vous de pénible.

Nous sommes si parfaitement incapables de savoir ce pour quoi nous sommes bons qu'il nous faut nous en remettre totalement à ce grand Sculpteur des Saints, qui vous dépasse Petit Roux, et qui veut, dans son atelier en avoir de beaucoup de sortes.

C'est pour cela que je ne veux pas sentir de sépara-tion dans votre décision. Pierre, glaise, ou plâtre, nous sommes toutes dans le même atelier. Les mêmes mains s'occupent de nous, la même tête nous pense et c'est seulement le jour où nous nous évaderons de cette même pensée pour nous penser nous-mêmes que nous commencerions à nous séparer les uns des autres.

À bientôt, mon Petit Roux, priez un brin pour moi comme je prie pour vous.

Jésus soit aimé comme il veut.

Madeleine

Lettre du 24 septembre 1934 à Anne-Marie Roux

Caritas   Samedi
                                              78 pl^{ce} St Jacques
                                                    Gob 30-85

Mon petit Roux,
Jeudi je vous ai attendue en vain!.. toute déçue!
Depuis j'ai téléphoné 6 ou 7 fois sans succès!..
Alors?
À vous en +

M

Lettre du 28 septembre 1934 à Madeleine Tissot

Cette lettre est difficile à interpréter. Sans doute, en plus de ses problèmes de santé, sa correspondante est-elle confrontée à une mise en cause de sa réputation. La Madeleine dont il est question est certainement sa corres-

pondante elle-même à laquelle Madeleine Delbrêl s'adresse
à la troisième personne par un artifice de style.

Caritas   +   Le 28 Sept 34
Mon bien cher petit,

Tout de suite ce mot pour vous dire que tout mon cœur est avec vous dans cette nouvelle + que Jésus crucifié nous donne. Cela est normal. Il semble qu'au début de cette année Jésus veuille lever un impôt d'amour sur tous les membres de sa Charité. Je sais – sujet M. l'Abbé – ce que ces choses ont de douloureux et je prie Dieu de vous donner la force de les porter dans sa joie et dans sa paix. Je suis aussi toute navrée que votre maman ait été alertée. Mais, *loyalement,* quelqu'un qui ne serait pas vous serait soigné comme vous l'êtes, qu'en diriez-vous? Je me méfie un tantinet de notre Madeleine sur ce point! tout en me réjouissant que Dame Pauvreté se donne à elle! Je comprends que vous vous tourmentiez pour votre maman. Pour le reste, dites ce qu'il faut et réjouissez-vous. Rien n'est exquis comme de se trouver en proie à la critique de nos frères, surtout des meilleurs. Alors, nous devons faire le grand saut dans l'amour en croyant à pleine âme, que notre Seigneur, est, lui, sûrement « incriticable », et trois fois saint. Les critiques ne sont rien à côté de ce que nous pensons de nous, et cela même est motif de plongeon en Dieu : s'oublier quand on est quelque chose d'un peu propre c'est peut-être presque facile ; mais s'oublier quand on se sent crasseux, misérable, pécheur, s'oublier pour chanter avec les Anges « Saint, Saint, Saint », c'est un acte d'immolation bien précieux pour entrer dans le bienheureux « rien ».

Adresse de M. Voigt : 4 rue de l'Oratoire Paris.

"   " Suzanne : Mlle Lacloche, Fontaine-le-Port, S. et M.

Je vous embrasse avec toute ma tendresse.

Jésus soit aimé comme il veut.

Madeleine

+

Demain St Michel : anniversaire du jour où pour la 1re fois j'ai prononcé des vœux. Ayez la charité d'un brin de prière en plus.

Lettre du 2 octobre 1934 à Anne-Marie Roux-Colas

Anne-Marie Roux-Colas vient de perdre un être cher que la lettre elle-même ne permet pas d'identifier.

Caritas   +   Le 2 oct.

Cher Petit Roux

J'apprends seulement au retour la grosse + que le Bon Dieu vous donne. Je veux vous dire, sans plus attendre, que mon entière affection est avec vous. La mort est toujours la grande douleur humaine, celle qui nous broie le plus fort.

En attendant de vous revoir je vous embrasse avec tout mon cœur. Dites beaucoup de choses de ma part à votre mari.

Bien fidèlement vôtre en +

Madeleine

Lettre du 12 novembre 1934 à son père

Jean est un cousin germain de Madeleine, Jean Mocquet, fils de Daniel Mocquet, disparu au front en 1918 et d'Alice Junière, sœur de la mère de Madeleine.

Tours le 12 11 34

Centre d'action sociale
207, route de Choisy
Ivry-sur-Seine
Italie 17-48

Mon cher petit papa,

Tu sais que dans mes intentions de vacances, je devais aller voir Tante, à Mussidan. Les choses ne s'étant pas arrangées j'avais simplement gardé 48 h, pensant les utiliser quand l'occasion s'en présenterait.

Jean passant à Paris et revenant à Mussidan en voiture m'a offert de m'amener. Je suis partie ce matin et serai de retour à Paris mercredi matin. Je passerai la matinée place St Jacques et j'y déjeunerai.

Beaucoup de bonnes choses à Bernadette.

Pour toi toute ma tendresse et des tas de baisers.

Madeleine

Lettre du 8 décembre 1934 à Anne-Marie Roux-Colas

Caritas   +   Le 8 décembre 34

Bien fraternellement avec vous deux pendant ces jours.

La Charité montera en votre honneur à Montmartre lundi matin.

Madeleine
Hélène

Lettre du 1ᵉʳ janvier 1935 à son père

Caritas   +   1.1.35

Mon petit papa,

Je te laisse ce mot, aujourd'hui, 1ᵉʳ de l'an, pour te dire ma tendresse, mes baisers, tout ce qu'une petite fille peut donner à son papa. Je t'aurais laissé des fleurs mais elles seraient fanées : je les porterai mardi.

Merci pour les marrons.

Bons baisers et vœux à Bernadette.

Ta toute petite
Madeleine

Lettre du 29 janvier 1935 à Madeleine Tissot

St Do : il s'agit de son ancienne paroisse Saint-Domi-nique dans le XIVe.

Caritas   +   29.1.35

Ma chérie,

Quelle vilaine silencieuse je fais!

Je suis bien contente des meilleures nouvelles que vous me donnez. Et, comme, d'autre part, j'entends dire en ce moment assez de bien des thoraco, je finis par désirer presque cette opération. Enfin, choisissons ce que Dieu choisit c'est la seule vraie liberté!

Lundi soir il y a eu adoration pour la Charité à St Do, puis soirée amicale chez Petit Roux. Elle paraît très dans la paix. À la Charité de Jésus tout va très bien. Priez un brin pour que Jésus règne à l'aise au milieu de beaucoup de petites + qu'il a l'amour de me donner.

Son bon plaisir est le seul plaisir, seul existe vraiment ce qu'il veut! Quelle grâce ne nous donne-t-il pas d'habiter dans le désert de son amour, ce désert où il est tout ce que l'on voit, ce que l'on respire, ce que l'on fait. Bienheureuse solitude de sa jalouse volonté. Solitude du cœur qui est la véritable pureté.

En elle je vous laisse.

Jésus soit aimé comme il veut.

M

+

Mme Roux-Colas
19 bis Villa Seurat
rue de la Tombe-Issoire
Paris 14ᵉ

Lettre du 19 février 1935 à Madeleine Tissot

Caritas   +   le 19.2.35

Ma chérie,

Je vois que l'amour s'acharne sur vous, vous faisant souffrante et compatissante à souhait. Je l'en bénis avec vous. Il n'y a rien de vrai en dehors de sa ressemblance. Tout est rien qui n'est pas lui et en nous et hors de nous. « Je ne sais que Jésus et que Jésus crucifié. » La vie est simple quand on a cela bien écrit au fond du cœur. On me parlait ces jours-ci du P. Surin, ce grand Jésuite du xviiᵉ. Il avait été envoyé vers des possédées pour les exorciser et avait pris sur lui leurs maux. Il vécut dans la compagnie diabolique fort longtemps. Or, ses écrits sont merveilleusement purs et pacifiants. Il semble que cet abîme d'abjection avec lequel il vivait, l'ait forcé à rebondir au-delà de tout lui-même. Je crois que c'est la grâce de toute +.

Ma chérie, pardon d'être restée si longtemps sans vous écrire. Je suis pourtant immensément avec vous.

Jésus soit aimé comme il veut.

M

+

Lettre du 11 mars 1935 à son père

Madeleine parle à son père du décès du Docteur Armaingaud, ami de M. Delbrêl, parrain de Jean Maydieu et libre penseur, qui réunissait autour de lui un cercle littéraire auquel Madeleine participa. Il était membre de la Société des Amis de Montaigne. Elle s'est manifestement rendue aux obsèques (civiles).

Abel Lefranc suit avec intérêt les travaux sur Montaigne. Il est membre de l'Institut, professeur honoraire au Collège de France.

Caritas   +   le 11 mars 35

Mon cher papa.

Je suis navrée de te savoir encore la proie de la grippe.

Tu as dû apprendre par les journaux la mort du pauvre vieux Docteur. Il est mort jeudi soir, sans souffrir. Hier matin a eu lieu la levée du corps. La cérémonie a eu lieu aujourd'hui à Arcachon. C'est Abel Lefranc qui a parlé, très simplement. Il a donné du Docteur un portrait absolument vivant qu'il eût aimé et où voisinaient le philanthrope, le lettré et l'ami joyeux. C'est tout un morceau du vieux temps qui part avec lui et il y avait de la tristesse vraie dans le cœur de tous. Dis beaucoup de choses à Bernadette pour moi et reçois mon petit papa chéri mes meilleures tendresses.

Madeleine

Lettre du 18 mars 1935 à son père

18 mars 35

Centre d'action sociale
207, route de Choisy
Ivry-sur-Seine
Italie 17-48

Mon cher petit papa,

Je voulais t'écrire tous ces jours passés mais le service était si actif que je n'en trouvais pas le temps. Aussi je suis privée de tes nouvelles et j'ai pourtant grande hâte de les connaître, tu as maintenant payé un assez lourd tribut à la grippe pour avoir le droit d'être tenu pour quitte.

Envoie-moi vite un petit mot m'annonçant ton retour et reçois mon petit papa, avec beaucoup de bonnes choses pour Bernadette, toutes les caresses de ta petite fille.

Madeleine

Lettre du 9 avril 1935 à Madeleine Tissot

Cette lettre évoque l'installation de la « Charité » au 11 rue Raspail, qualifié « les Béatitudes ». Madeleine Tissot est elle-même proche d'une opération très grave, sans doute la « thoraco » dont il était question dans la lettre du 29 janvier.

Suzanne est Suzanne Lacloche.

« Pierre » est une jeune femme proche de La Charité (cf. la lettre du 12 janvier 1932).

La tante de Madeleine, Alice Mocquet-Junière, meurt cette année-là.

Lésins (ville de sanatoriums avant la guerre de 39-45) en Suisse.

Caritas   +   le 9 avril 35

Ma chérie,

Toutes vos étapes de santé, vous le savez bien, ont ici leur retentissement et, avec vous, nous nous préparons à la grande intervention.

Bénissez Jésus pour la mission : elle est magnifique, et je crois que bien des brebis perdues vont, par elle, retrouver le chemin du bercail.

Nous emménageons « les Béatitudes » la maison du Centre, vendredi. Madeleine et Suzanne y habiteront. Nous sommes à la mendicité publique pour les meubles. Cela ne manque pas de charme.

Priez pour Pierre qui est dans un état lamentable.

Ma Tante va vers la mort à toute vitesse. Blottissons-nous en Jésus Sauveur durant tout ce temps d'amour excessif. Demandez-lui pour moi de ne « savoir que Jésus et Jésus crucifié » car mon pauvre tas de misères ne peut vivre que dans son sang.

Et puis demandons-lui ensemble d'aimer les siens comme lui les a aimés, par l'union à l'Eucharistie, cette somme d'amour.

En lui, mon petit je vous laisse.

Jésus soit aimé comme il veut.

Madeleine

Notre petit garçon part à Lésins.

Lettre du 30 avril 1935 à Madeleine Tissot

Il y eut pendant un temps très court comme deux cercles concentriques : une « Charité de Jésus » en vie commune et l'embryon d'une fraternité constituée de personnes vivant chez elles, dite « Charité donnée » ou « Petite Charité ». La lettre du 21 décembre 1936 fait état de « 9 groupées et 3 dispersées ».

Caritas + Ste Catherine de Sienne

Centre d'action sociale   1935
207, route de Choisy
Ivry-sur-Seine
Italie 17-48

Mon cher petit,

Je suis bien en retard vis-à-vis de vous. Ma consolation est de penser que beaucoup de gens de « chez nous » vous ont porté de nos nouvelles.

Vous êtes certainement par eux au courant de toutes les nouvelles d'ici. Je les complète en vous disant que le démarrage de la « Charité donnée » (branche des gens restant dans leur profession, leur famille etc.) est projeté pour dans 15 jours. Priez beaucoup pour cette naissance dans notre petite famille. Je crois qu'elle est très dans le sens du souffle de l'Esprit Saint. Je reviens d'une réunion de 2 jours qui groupait les représentants de groupes parents de la C. de J. J'en rapporte une

257

grande joie. La certitude que le Laïcat est réclamé par l'Esprit Saint, en ce moment et que, dans ce mouvement, la C. de J. a une mission bien à elle. Elle est plus « communauté » que la plupart de ces groupes et surtout infiniment plus *priante* et plus *solitaire.*

Il me semble qu'elle doit servir de jonction entre les familles proprement religieuses et ces autres mouvements mêlés à la pâte. Par la « Charité donnée » elle les accompagne, se mêle à eux, mais par la C. de J. telle qu'elle est, et par la Charité contempl. si nous pouvons la voir naître, elle leur apporte une force de prière qui leur manque foncièrement.

Le jardin est un rêve ici. Nous avons un puits, des figuiers, de la vigne… c'est tout à fait évangélique !

Je me suis profondément unie à vous pour votre Deo Gratias et avec vous j'ai partagé la joie que le Bon Pasteur a dû éprouver en retrouvant sa brebis perdue. Dieu est bon et puissant en miséricordes.

Jésus soit aimé comme il veut.

Votre en lui
Madeleine
+

Voici quelques fleurs du jardin.

Lettre du 15 mai 1935 à Madeleine Tissot

Cette lettre montre qu'à cette date il y a encore un petit groupe vivant sur le Plateau, au centre social de la paroisse Saint-Jean-Baptiste.

Caritas   +   Le 15 mai 1935

Mon cher petit,

Votre lettre nous a apporté la certitude de l'opération. Avec vous, avec Jésus, nous voulons ce qu'il veut et seulement ce qu'il veut. Lui seul sait le meilleur et nos pauvres petits désirs sont de misérables balbutiements d'enfants.

Ce soir réunion de la Charité : M. l'Abbé va parler de nos projets.

Je suis très heureuse de vous dire que le partage de notre petite famille que je redoutais un peu a donné exactement le contraire de ce que je craignais. Les deux maisons ont gagné en stabilité. Le Plateau est désencombré et les Béatitudes sont bourdonnantes de prière, de cours et d'oiseaux.

Que vous dire, ma chérie ? Sans doute parce que je suis très avec vous et que nous faisons bourse commune il me semble que vous savez mille fois ce que je pourrais vous dire, et je voudrais que les lettres comme les lèvres sachent se taire. J'ai envie de vous crier et la bonté de Jésus, et son inlassable patience, et la splendeur de son Église et notre misère, si longue à

259

se perdre dans la Vie. Mais vous le savez et plus que moi et mieux que moi.

Je prie pour vous, c'est cela le meilleur.

Je vous envoie toute ma tendresse en Jésus.

Qu'il soit aimé comme il veut.

Madeleine

+

Lettre du 24 mai 1935 à Madeleine Tissot

Caritas   +   Le 24 mai 1935

Ma chérie,

Jour de famille aujourd'hui. Je ne sais si Hélène aura pu vous écrire comme elle voulait le faire au cas où elle en aurait été empêchée je vous envoie ce petit mot de visite ! Nous avons un peu hâte de savoir des nouvelles de votre voyage. Plus que jamais nous nous mettons en commun avec vous, conscientes de la grâce que cela est pour nous. Au fond, être chrétien c'est vraiment être « livré à la mort », soit d'une façon soit de l'autre et tout le reste n'est rien à côté de cette vocation-là.

Je vous embrasse avec toute ma tendresse.

Jésus soit aimé comme il veut.

Madeleine

Lettre du 27 mai 1935 à Madeleine Tissot

Caritas   +   Le 27 mai 1935

Ma chère petite Madeleine,

Des Béatitudes ce bref petit mot simplement pour vous dire que nous sommes toutes là, avec vous priant, offrant.

Rien n'est compliqué, rien n'est difficile pour nous, même les choses qui, en elles-mêmes, sont difficiles. Car à toute chose Dieu proportionne la Grâce et plus une chose est difficile plus elle nous enrichit de grâce. C'est bien réconfortant.

Je vous embrasse très tendrement.

Beaucoup de choses à Mme Tissot.

Madeleine

Lettre du 31 mai 1935 à Madeleine Tissot

Caritas   +   Le 31 mai 35

Ma chérie,

De la place St-Jacques ce mot hâtif pour vous dire toute ma pensée. Oui, merci à Madame Tissot de nous envoyer des nouvelles. Qu'elle nous donne son adresse pour que nous puissions lui écrire.

Je suis presque triste de ne rien trouver à vous dire !

C'est toujours tellement pareil le grand pays du Bon Dieu, quoi qu'il arrive.

Merci, pour les richesses que vous mettez à notre disposition. Au fond, je crois que je ferai pour elles comme pour les pauvres choses que je trouve dans ma petite vie, je laisserai Jésus le répartir comme il voudra, où il voudra, en nous et les nôtres s'il veut, ou dans ces autres « nôtres » que sont toutes les âmes du monde.

Que Dieu soit chez lui dans notre petit domaine, et que nous soyons chez nous dans le sien.

À vous en Jésus-Tout,

Madeleine

Lettre du 3 juin 1935 à Madeleine Tissot

Caritas   +   Le 3 juin 1935

Ma chérie,

J'ai reçu ce matin une lettre de Madeleine Aubert qui me dit qu'elle prie pour vous. Ce sera une force de plus, n'est-ce pas.

Une fois de plus que vous dire? Je ne sais pas. Il y a des choses que l'on a dites et redites et que l'on redit indéfiniment. Une de ces choses, en ce moment, pour moi, qui est inépuisable, c'est la miséricorde du Bon Dieu. Quelle joie de penser que, quels que soient nos péchés ils restent de pauvres choses finies et que la miséricorde divine elle, est infinie. La miséricorde rend le bien pour le mal : là où nous avons été le plus misérable elle nous fait plus saint, nous lui devons des richesses en proportion même de notre pauvreté. L'Espérance est une grande vertu et il faut avoir beaucoup et longuement et longtemps abusé de la grâce pour la comprendre. Elle est la gloire du Fils comme la Justice est celle du Père et la Sainteté celle de l'Esprit. Livrons-nous à elle, « aimons Dieu, puisqu'il nous a aimés le premier ».

À vous en +

M.

Lettre du 5 juin 1935 à Madeleine Tissot

Le contenu de cette lettre s'explique par la grave opé-ration que va subir Madeleine Tissot.

Caritas   +   5 juin 35

Ma chérie.

Je pense que cette lettre vous arrivera avant le dur moment, moment qui ne sera, n'est-ce pas, pour vous, qu'un moment comme tous les autres, un moment de rencontre avec le seul but de notre route. Il nous attend dans chacun de nos actes et la seule différence c'est que dans les épreuves, c'est pour une étreinte d'amour plus étroite qu'il nous attend.

C'est à ces moments-là que se fait la « preuve d'amour ».

Aussi, ma chérie, c'est un cantique de joie que je voudrais chanter avec vous avant ce moment. La + est toute prête, comme un lit d'amour. Elle est parée des prières, que, depuis toujours les Saints ont faites pour vous en priant pour l'Église. Les anges vous garderont, respectueux, car ils savent bien que c'est la Passion de leur Seigneur qui continue.

Nous sommes avec vous. Je vous embrasse avec tout mon cœur, mon cher petit.

Quoi qu'il arrive, je vous remercie de tout ce que la Charité de Jésus vous doit, de tout ce que vous lui avez acheté.

Je vous remercie, personnellement de ce que vous m'avez obtenu, certainement du Bon Dieu.

Jésus soit aimé comme il veut.

Madeleine

Lettre du 23 juin 1935 à Madeleine Tissot

Caritas   +   Le 23 juin 35

Ma chérie,

Si vous saviez quelle émotion heureuse est chacune des lettres qui nous apportent l'assurance du mieux continuel. Oui, Deo Gratias, à la tendresse de Dieu qui sait, quand il le veut, quand il le faut, nous donner les grandes joies humaines.

Dites merci à votre Maman pour sa lettre reçue ce

matin. Je suis restée deux jours sans vous écrire car nous avons eu la Confirmation et la préparation du feu de St Jean.

Je vous embrasse, ma chérie, avec tout mon cœur. Vôtre en Dieu.

Jésus soit aimé comme il veut.

Madeleine

Lettre du 26 juillet 1935 à Anne-Marie Roux-Colas

Caritas   +   Le 26-7-35

Chère Petit-Roux,

Tout Loisail les gens et les choses vous dit bonne fête!

Hélène et moi n'avons absolument pas pu aller chez vous avant le départ. Bonne fête à vous et au tout-petit que nous aimons tellement déjà par avance.

On prie pour vous trois.

Tendrement vôtre.

Madeleine

Lettre du 1er août 1935 à Louise Brunot

Marie-Aimée est Marie-Aimée Jouvenet, équipière. Andrée est Andrée Voinot, également équipière.

Pierre est le surnom d'une jeune femme dont il est

déjà question dans les lettres du 12 janvier 1932, puis du 9 avril 1934.

Caritas   1ᵉʳ août 35

Oui, mon petit Louis, Magnificat parce que le Seigneur a regardé notre néant et l'a appelé à vivre l'aventure splendide de son amour. Donnons-nous à cet amour les yeux fermés, courageusement, fortement, sans quitter d'une ombre celui qui nous conduit, qui nous meut, qui nous anime. Soyons une sorte de gant sur sa main toute puissante et, ainsi, rien ne sera trop difficile pour nous.

La petite église de Loisail est devant moi pendant que je vous écris, témoin de toutes nos étapes, gardienne du Pain qui fait les Saints. Dans ce Pain, puisons les unes pour les autres, les unes avec les autres le Don de Dieu. Mad. Tissot *très* bonnes nouvelles. Pierre vient de passer 3 jours ici.

M. Aimée est avec nous.

Merci pour la lettre de fête, pour les mots en commun d'Andrée et de vous.

Toute ma tendresse.

Jésus soit aimé comme il veut.

Mamma

+

Lettre du 27 août 1935 à Madeleine Tissot

La fin de la lettre parle d'une Mlle Bain qu'il n'a pas été possible d'identifier autrement que par son nom.

Caritas   +   Le 27 août 35

Ma chérie,

Je serai près de vous mardi, train de 17 h 24, et repartirai mercredi 17 h 24 aussi. Vous dire ma joie est impossible. J'ai des choses et des choses à vous raconter. Nous sommes encore ici pour notre semaine de détente. Puis chacune part chez elle. La retraite aura lieu le 27-28-29-30 et 1er. Les 28-29 et 30 seulement seront prêchés. Ne traverserez-vous pas Paris à ce moment ? Si oui vous savez que ce serait une immense joie de vous héberger ces jours-là.

Dites de ma part au Bon Dieu un grand merci. Je sors d'un long temps de croix toute nue, sa grâce a été bien puissante pour que je n'aie pas coulé. Il faut remercier beaucoup, beaucoup. La + est le plus grand des biens. Mais demandez la force, ma chérie, quand les tempêtes succèdent aux tempêtes on sent toutes les racines crier et on croit qu'elles vont se rompre. C'est infime à côté de la + de notre Jésus. Je vous le dis parce que je me fie beaucoup à votre prière : je suis si prodigieusement faible.

Je prie pour la chère Mlle Bain et aussi pour tous

ceux qui sont vôtres et que j'aime en même temps que vous.

Jésus soit aimé comme il veut.

M

+

Lettre du 22 novembre 1935 à Marie-Paule Salonne

Marie-Paule Salonne, écrivain, est la sœur de Louise.

Centre d'action sociale   22.11.35
207, route de Choisy
Ivry-sur-Seine
Italie 17-48

Chère amie,

Je ne me résigne pas à commencer ma lettre par « chère Madame » !

Je voudrais tellement que vous ne preniez pas pour de l'indifférence le long silence qui a accueilli votre volume. J'ai été très, très émue par votre envoi, très joyeuse aussi de sa dédicace. Depuis j'ai beaucoup prié pour vous sachant que le chemin est beau mais qu'on s'y écorche durement les pieds. Mais, l'été est arrivé avec des colonies d'enfants à organiser, j'ai été souffrante, puis la reprise de notre petit poste de mission. Tout cela m'a fait remettre très loin la réponse que je voulais vous écrire. Ne venez-vous pas à Paris ? Je serais si heureuse de vous voir. Le lundi matin, le jeudi jusqu'à 5 h et le samedi au début de l'après-midi, vous êtes sûre de me rencontrer. Ou bien un coup de téléphone.

Je vous « espère » donc et Louise aussi que j'aime toujours bien.

Très fraternellement vôtre,

Madeleine Delbrêl

Lettre du 3 décembre 1935 à Cécile

La destinataire de cette lettre est inconnue.
Le document d'origine est la photocopie d'un brouillon largement raturé.

Caritas   +   Le 3 décembre 35

Ma chère Cécile,

J'ai réfléchi à la conversation que nous avons eue hier ensemble et il me paraît nécessaire de vous écrire.

Vous ne m'avez pas caché que vous pensiez sérieusement à la Charité de Jésus. Je trouve plus loyal de vous dire que je ne pourrai pas en ce qui me concerne vous y recevoir. Je crois qu'il y a entre nous trop de divergences *foncières.* Vous avez une complexité d'esprit que nous n'avons pas ; un sens critique que nous n'avons pas ; un souci d'autonomie, dans un sens qui n'est pas le nôtre. Le groupe ne tolère l'autorité qu'au compte-gouttes mais désire que cette autorité soit aimée à plein cœur.

Le groupe est respectueux, extrêmement, des individus, mais veut que ces individus ne se soucient pas trop d'eux-mêmes.

Sur tous ces points nous divergeons.

Croyez bien que je me place au strict point de vue « groupe » et que, personnellement, nous serons toujours heureuses de vous avoir comme une de nos amies les meilleures.

J'espère que cette mise au point nécessaire ne changera rien entre nous et c'est en notre Seigneur que je vous assure de ma vraie et fidèle affection.

Madeleine

Lettre du 11 décembre 1935 à Anne-Marie Roux-Colas

Anne-Marie Roux-Colas vient de perdre un enfant à la naissance ou avant la naissance.

Caritas   +   11-12-35
                                    Hôtel du Commerce
                                          (A.M.) Grasse
Mon bien cher Petit Roux,
Ces quelques lignes viendront vous apporter toute

ma profonde sympathie, mon affection, et mon union très grande dans le Christ-Jésus.

Pour ceux qui s'aiment en Lui, il n'y a ni silence, ni distance… En Lui, nous nous retrouvons, n'est-ce pas ?.. en Lui nous sommes toujours unies.

J'ai appris avec beaucoup de peine votre chagrin que je comprends si bien. Il vous aurait été bien bon de bercer un tout-petit dans vos bras, et de l'initier à la vie chrétienne… Mais notre Doux Sauveur Jésus en a jugé autrement : Il vous a privé d'une bien grande joie sur la terre afin que votre bonheur soit très grand, là-haut. C'est parce qu'Il aime sa petite Anne-Marie d'un amour de prédilection, qu'il la veut très sainte, bien près de Lui que notre Père des Cieux l'a marquée du sceau de la Croix. « Ceux que Dieu a connus d'avance, Il les a aussi prédestinés à être conformes à l'image de son Fils. »…Vous Le glorifiez, L'exaltez par vos belles statues, ma chère Anne-Marie, Il veut que vous le fassiez encore plus, par un don plus total de vous-même, par la Croix… par la souffrance qui embellira votre âme…

Bon courage, mon cher petit Roux, que le Seigneur vous donne sa force, vous rétablisse vite et vous bénisse. Je vous embrasse très affectueusement, et suis très vôtre en +

Madeleine +

Mon bon souvenir à votre mari.

Je vous envoie un peu du bon soleil du midi… Je regrette de ne pouvoir vous en faire bénéficier réellement… Je pense qu'après l'hiver passé ici je pourrai rentrer dans ma famille. Je vais aussi bien que possible, mais ai besoin encore de beaucoup de repos et de ménagements.

Lettre du 31 décembre 1935 à Madeleine Tissot

Caritas   +   Le 31 décembre 35

Ma petite sœur,

Je suis confuse au-delà de tout pour mon silence.

Et d'abord :

merci

     pour vos lettres

     le vestiaire

     les images

     le colis, si bien composé!

     la photo.

Et bonne année. Bonne à la manière de Jésus que nous n'aurions garde de conseiller. Qu'il nous donne miel ou fiel de sa main c'est toujours beau, c'est toujours bon.

Je me réjouis que vous ayez vu Andrée.

Priez notre Seigneur pour Ivry. Je suis effrayée de la réussite. Nous n'attendons jamais rien et tout démarre à nous stupéfier.

C'est effarant d'être les outils de Dieu et de le voir faire un travail si disproportionné.

Priez pour notre petite famille. Nous travaillons actuellement la question des gens de Province.

Non je n'ai pas vu M. Th. Tant mieux qu'il y ait de la détente. À des sujets très voisins j'ai le cœur bien écrabouillé, je le prête volontiers à notre Jésus s'il a envie de souffrir un brin en nous. Heureusement que les choses réjouissent dans la proportion où elles font mal sans cela on serait bien malheureux.

Merci pour vos prières au moment de la mort de Tante : elle était presque une maman et la séparation sensible a été rude.

Tendrement à vous en +

Madeleine

Lettre du mardi… 1936 à Anne-Marie Roux-Colas

+ mardi

Centre d'action sociale
207, route de Choisy
Ivry-sur-Seine
Italie 17-48

Petit Roux,

Je suis bien, bien en retard. Oui, 1 000 F c'est trop cher. Mais 300, 400 F max. pourrait aller.

Merci! J'ai hâte de voir.

Tout à fait vôtre et des tas de choses à votre mari.

Madeleine

Lettre du 21 décembre 1936 à une demoiselle inconnue

Ivry, le 21 décembre 1936

Mademoiselle,

En réponse à votre lettre et en suite de l'entretien que j'avais eu avec le Père de Chabannes à ce sujet, je vous envoie bien volontiers les renseignements que vous me demandez sur notre petite famille spirituelle.

Notre groupe, la *Charité de Jésus,* est encore très jeune : ce que l'on peut appeler sa préparation date de 5 ans, sa vie réelle de 3. Je me permets de vous en signaler tout de suite les caractéristiques car elles sont propres à attirer ou à éloigner d'emblée.

Notre groupe a pour but de se mettre à la disposition de Dieu et de l'Église en vivant un Évangile intégral. C'est un groupe de *laïques* que ne lie aucun vœu, qui vivent en laïques, sans aucune coutume conventuelle, mais qui sont strictement données à Dieu. Pour vivre l'Évangile, nous essayons de pratiquer la pauvreté, l'obéissance, la pureté et l'humilité avec autant de rigueur qu'il nous est possible.

La pauvreté en ayant un budget très exigu. Il est

274

ainsi très simple de comprendre ce qui est pauvre et ce qui ne l'est pas : ce que nous pouvons avoir avec notre barème d'existence l'est forcément.

L'obéissance. Pour ce qui est de l'âme, elle relève exclusivement, mais rigoureusement, de son confesseur. Pour ce qui est de la vie du groupe, de la direction de celui-ci (un aumônier et l'une d'entre nous, plus tard assistés d'un conseil). Pour ce qui est de l'action locale, du curé. Pour ce qui est de la répartition et de l'accomplissement du travail soit dans la maison, soit dans l'apostolat, d'un chef de mission auquel on doit la même obéissance intelligente et prompte qu'à un chef de service. En outre, l'obéissance aux circonstances a force de règle chez nous et nous les considérons comme l'expression de la volonté de Dieu.

La pureté. Nous renonçons au mariage et nous essayons de pratiquer une prudence large, aérée, mais robuste.

L'humilité. Notre grand idéal est de nous faire oublier et de nous oublier nous-mêmes plutôt que de nous hypnotiser sur des humiliations compliquées.

Jusqu'à présent, je vous ai surtout parlé du caractère négatif de cette vie d'Évangile. Elle a un aspect plus positif qui est l'imitation de la charité même du Christ. Je dirais plus : de sa mise en action en nous-mêmes qui désirons nous prêter à Lui comme de nouvelles « humanités ». Cela vous explique que nous désirons être de notre temps comme N. S. a été du sien, que nous ne choisissons pas dans le bien à faire comme N. S. n'a pas choisi, que nous désirons offrir à Dieu un groupe parfaitement disponible comme le serait une âme isolée, complètement remise entre les mains de Dieu.

Notre désir, plus tard, est de vivre par petits groupes de 3, 4 ou 5 au milieu des gens, épousant leur vie, leurs difficultés, toujours pauvres mais selon des modalités différentes et donnant à chacun ce dont il a besoin : secours matériel, spirituel, moral. À cet effet aussi, nous ne voulons pas de spécialisation dans le recrutement du groupe. Tous les âges, toutes les cultures, tous les milieux y sont admis mais nous exigeons — et cela expressément — un attrait pour la simplicité de vie et la simplicité d'âme.

La question d'argent ne joue rigoureusement pas. Celles qui ont de l'argent en conservent la nue-propriété à la condition de ne pas s'en servir pour elles-mêmes. Elles peuvent défrayer le groupe de leur subsistance pendant les années de formation, mais ce n'est pas exigé.

Ces années de formation sont au nombre de trois. Elles consistent à vivre la vie du groupe, à compléter la formation individuelle sur les points qui en ont besoin. Elles doivent aboutir à démontrer au groupe qu'on a des aptitudes pour lui et à démontrer à celle qui essaie que le groupe est fait pour elle.

Dans certains cas exceptionnels, une forme de vie dispersée est admise soit pour des situations de famille tout à fait particulières, soit pour une vocation à un apostolat très spécial. Ces cas sont, je vous le répète, exceptionnels et le groupe se réserve de les autoriser ou de les refuser au bout de 3 ans d'essai.

Après la vie d'Évangile, la caractéristique la plus saillante du groupe est une note contemplative. Il ne faut, d'ailleurs, pas entendre ici la contemplation telle qu'on la comprend dans la plupart des cas. En tant que prière, nous n'avons en effet que la messe, l'action de grâces, prime et complies (isolée ou en groupe suivant les cas), plus une heure de recueillement employée selon les directives de notre confesseur ; mais, pour nous, l'action est expressément un dérivé de la contemplation. Nous n'agissons pas pour faire quelque chose, mais uniquement pour imiter les faits et gestes du Christ. Le résultat de notre action, nous en remettons complètement le soin à Dieu. La seule chose qui nous préoccupe, c'est d'imiter fidèlement N. S. et une infidélité, si petite soit-elle, à une vertu évangélique nous paraît infiniment plus grave que l'échec d'une œuvre dans laquelle nous aurions mis un maximum de bonne volonté.

Une « active » de vocation se sentirait foncièrement mal à l'aise chez nous.

Autre caractéristique, c'est un *esprit sacerdotal.* Le groupe désire aider les prêtres, d'une part en les soulageant de tout ce qu'ils ne peuvent pas faire, d'autre part en mettant à leur disposition prière et efforts spirituels.

Enfin, trait à souligner dans le groupe – et c'est peut-être celui qui, dans la pratique, est le plus à retenir – c'est une note de solitude. Nous sommes rarement seules, notre action nous mêlant sans cesse à la vie ambiante, mais notre vie intérieure n'est pas aidée par les exercices de communauté que l'on trouve dans les ordres religieux. D'autre part, si une charité fraternelle, très forte et très sûre, nous unit toutes dans une véritable atmosphère de famille, le respect de l'âme de chacune est assez grand pour que l'on se sente souvent dans une espèce de désert spirituel. De plus, si l'activité de chacune fait un tout avec l'activité de ses sœurs, il n'en reste pas moins que notre apostolat s'exerce souvent aussi dans la solitude.

Pour finir cette énumération, je soulignerai le caractère paroissial de notre action. Nous désirons renforcer, autant que faire se peut, l'idée de la paroisse, c'est-à-dire de la Cité où Dieu habite, et être comme l'action du Tabernacle de Dieu habitant parmi les hommes.

Un séjour parmi nous serait tout à fait possible et même désirable. Si ces quelques notes ne vous découragent pas, vous pourriez vivre tout simplement notre vie et prendre connaissance du directoire spirituel qui nous régit. N'importe quelle époque nous conviendrait mais surtout attendez-vous bien, si vous venez, à trouver l'inconfort et beaucoup la vie de mission avec tout ce qu'elle comporte d'imprévus.

À propos de l'insécurité, je réponds d'avance à vos questions : – pour ce qui est de la maladie, nous sommes couvertes par les assurances sociales ; – en cas de maladie plus grave et nécessitant des frais considérables, nous prévoyons la possibilité à l'une ou l'autre de travailler à l'extérieur pour soigner celle de ses sœurs qui aurait besoin d'argent (exactement comme on le ferait dans une famille) ; – pour la vieillesse, même recours aux assurances sociales et quelques mesures de prévoyance que nous préférons à la capitalisation. Somme toute, nous nous mettons dans les mêmes conditions qu'une famille ouvrière.

Excusez, Mademoiselle, ce long journal ; il est un peu décousu mais, pour vous envoyer un document plus complet, j'aurais dû vous faire attendre et j'ai préféré vous répondre rapidement.

Nous sommes actuellement (dernier renseignement) 9 groupées et 3 dispersées. Nous assurons un service paroissial et nous allons en commencer un autre, à proximité, en janvier.

Croyez, Mademoiselle, en mon meilleur dévouement.

P. S.- Je répare un oubli, c'est le point de vue familial. Nous estimons qu'actuellement les familles, déjà si fragiles, ont besoin que leurs éléments chrétiens restent fortement rattachés à elles. C'est pourquoi nous donnons à nos familles 3 semaines par an et, lorsqu'elles sont à proximité de notre mission, quelques heures chaque semaine. Dans tous les événements imprévus, maladie ou tout autre, nous faisons comme ferait une mère de famille nombreuse très prise par son foyer mais n'ayant pas cessé, pour cela, de faire partie de sa première famille.

Lettre du 23 janvier 1938 à Louise Salonne

23.1.38

Centres sociaux
Ivry-sur-Seine
207, rue de Paris

Chère amie,

Je mets demain matin les voiles pour l'Allemagne :
voyage d'études de 8 jours. Je ne veux pas partir sans
te remercier de tes vœux, te donner les miens pour toi
et pour ta sœur et aussi sans te dire que je suis triste
de ton accroc de santé.

Si tu viens à Paris : n'oublie pas Ivry.

Je t'embrasse.

Madeleine
11 rue Raspail Ivry
Ita. 27.42

Lettre du 25 mai 1938 à Monsieur l'abbé Plaquevent

L'abbé Jean Plaquevent (cf. la lettre du 12 janvier 1932) est à Pau. C'est pourquoi Madeleine lui recommande cette amie, Mme Jean Coutrot.

Centres Sociaux
Ivry-sur-Seine
207 rue de Paris

Monsieur l'Abbé,

Je préfère que nous ne parlions pas d'inexactitude dans la correspondance! J'ai quelques raisons pour cela.

Votre lettre a été la très bien venue car, moi aussi, j'hésitais à vous écrire pour vous demander un service. Je crois que votre lettre va faciliter ce que je voulais vous demander. Une de mes amies Mme Jean Coutrot vient d'être atteinte, ou plus exactement diagnostiquée, de tuberculose, assez gravement je crois.

Elle a été envoyée à

Belle Rive

Trespoey

Pau

depuis février.

Elle a une quarantaine d'années. Elle a fait de la médecine, du jardin d'enfants, puis, ces dernières années son diplôme d'assistante sociale.

Elle a 4 enfants.

Son mari, Jean Coutrot, est un esprit extrêmement remarquable, industriel et économiste.

Vous avez peut-être lu de lui « l'humanisme économique ».

Sa femme essaie de le compléter, d'élargir son activité par son activité à elle. Je la connais depuis deux ans mais notre amitié date plus réellement d'un voyage d'études que nous avons fait à quatre, en Allemagne, en janvier. Elle est terriblement intelligente. Elle est sans religion mais en rapports amicaux avec beaucoup de catholiques. Le service que je voulais vous demander est double :

– d'abord entrer en rapport avec mon amie : des renseignements oraux sur les études sociales seraient très bien comme prise de contact. Je lui enverrai votre lettre et lui demanderai de bien vouloir vous faire signe.

– Et puis, tâcher de vous rendre compte de son état de santé. J'ai très mauvaise impression, depuis ses dernières lettres.

Si je la savais en danger immédiat je pourrais peut-être m'arranger à faire un saut là-bas.

– Pour ce qui est de la jeune fille dont vous me parlez je la recevrai bien volontiers et en toute amitié.

– Mme Coutrot vous conseillera sans doute l'école de Levallois… pas moi.

Si la jeune fille en question a du jugement, l'habitude et le goût de travailler par elle-même, si elle est équipée au point de vue religieux, je lui conseillerai l'école du Bd Montparnasse (Ec. Pratique de S. S.). De fondation protestante mais, actuellement strictement neutre (Mme Campinchi est Sre Générale). Des gens de toutes couleurs y enseignent. J'y ai fait mes études et j'aurais à choisir de nouveau je la choisirais de même.

L'École Normale Sociale est l'école catholique, très Action Populaire. Pour quelqu'un qui a besoin d'un cadre, de méthodes de travail, c'est de tout premier plan.

L'École des Surintendantes spécialise un peu dans les questions d'organisation de service et les postes d'usine. Il y faut une certaine envergure.

Quant aux enfants, je crois qu'il serait très facile d'être en liaison avec vous mais j'aurais besoin de précisions entre autres : êtes-vous reconnus par les Assurances Sociales ?

J'attends votre réponse à cette vaste lettre pour parler de vous à A. Coutrot.

Merci d'avance et croyez, Monsieur l'Abbé, à tout mon respect en +

Madeleine Delbrêl
11 rue Raspail
Ivry
25.5.38

Lettre du 4 juin 1938 à Madeleine Tissot

Date reconstituée.
Une fois de plus, la santé de Madeleine Tissot s'est aggravée.

Centres sociaux   Vigile de Pentecôte 38
Ivry-sur-Seine
207, rue de Paris

Ma chère Madeleine,

Ci-joint la lettre que j'avais commencée pour vous. Je reçois la vôtre et tout de suite je viens vous dire toute ma pensée présente en notre Seigneur.

Je devine ce que doit vous coûter cette épreuve à imposer à votre pauvre maman. Mais, tout cela est tellement en dehors de votre volonté, tellement conduit par Dieu, que les grâces de force seront certainement données quand il faudra et comme il faudra.

Je comprends le grand abîme devant lequel vous vous trouvez. Mais cet abîme, qu'il soit la fin de notre vie de la terre ou la fin de la vie normale est, de toute façon un abîme de miséricorde. Je lisais de la Ste Vierge, je ne sais plus où : « elle s'est placée au centre de la miséricorde ». Ce centre de la miséricorde c'est l'espérance, la sainte espérance, que l'on connaît si mal et qui nous met véritablement au large, en pleine mer, loin de tous les appuis mais aussi de toutes les craintes humaines. Autrefois, quand je pensais à la mort, je désirais pouvoir me purifier davantage avant la rencontre totale de Dieu.

Maintenant, il me semble que tous les prodiges que l'on peut faire au nom du Seigneur sont bien peu de choses à côté de cet acte bien simple qui consiste à croire que nous pouvons nous convertir et nous sauver, seulement parce qu'il est mort pour nous. Si nous mourions au moment où cette pensée nous posséderait complètement sans aucun retour personnel, je crois que nous tomberions tout de suite dans le cœur de Dieu.

En tout cas laissons-le faire, lui qui sait, tout ce qu'il veut, de nous qui ne savons pas.

Demandez-lui pour moi ce que je lui demande pour vous : notre « résignation », notre « remise » complète à son amour.

Je vous embrasse très fort.

Beaucoup de bonnes choses à Marguerite.

Madeleine

[Cette citation de Ste Thérèse de Jésus – d'Avila – est copiée par Madeleine sur un papier séparé. Il n'est pas absolument certain qu'elle accompagnait précisément la lettre ci-dessus. Mais elle figure à coup sûr dans le dossier des lettres à Madeleine Tissot.]

Si je vous aime vous le savez, Seigneur, ce n'est point pour le Ciel que vous m'avez promis ; si je crains de vous offenser ce n'est point pour l'Enfer dont je serais menacée ; ce qui m'attire vers vous Seigneur, c'est vous seul, c'est de vous voir, ô mon Seigneur Jésus, cloué sur la Croix, le corps meurtri dans les angoisses de la mort. Et votre amour s'est tellement emparé de mon cœur que, lors même qu'il n'y aurait point de Ciel, je vous aimerais. Lors même qu'il n'y aurait point d'Enfer je vous craindrais. Vous n'avez rien à me donner pour provoquer mon amour, car n'espérant pas ce que j'espère, je vous aimerais comme je vous aime.

Ste Thérèse d'Avila

Lettre du 12 juin 1938 à son père

Lettre écrite au crayon.

12-6-38

Mon cher papa,

Je voulais t'écrire tous ces jours-ci mais nous avons eu une semaine des plus mouvementée et surmenée. Toute réflexion faite j'aimerais mieux loger Lourdes [12] dans la première quinzaine de juillet car cette fin de mois s'annonce copieuse.

Le beau temps semble se décider à nous sourire. Il y a mis le temps.

Les piqûres que je fais semblent me donner un bon résultat mais elles sont très fatigantes.

Je suis au milieu de la deuxième série et il y en a 3.

Les ciseaux et la trousse partent demain. Les premiers bons de la Loterie n'ont rien gagné : c'est peut-être l'autre qui nous réserve la surprise de devenir des rois de l'argent.

Je t'embrasse bien tendrement mon cher papa.

Ta petite
Madeleine

Lettre du 7 octobre 1938 à Louise Salonne

Sur le manuscrit, on a écrit le nom de Madeleine Tissot, mais avec des points d'interrogation ; le style, le tutoiement, la spontanéité, semblent plutôt indiquer Louise Salonne.

Centres sociaux
Ivry-sur-Seine   7 octobre 1938
207 rue de Paris

Chère amie,

Je n'ai pas besoin de te dire combien ta lettre m'a causé de joie. Elle m'est parvenue le matin de la St-Michel et j'ai pu ainsi être plus près de toi par la pensée et par la prière.

Dieu ne se lasse que de qui se lasse et sa patience est à sa taille.

Merci de m'avoir associée à ces grandes heures de ta vie.

Je te reste, plus que jamais unie, dans l'amour du même Christ. Si tu passes à Paris ne manque pas de me prévenir.

Mon souvenir amical à ta sœur.

Ta vieille
Madeleine

11 rue Raspail   Ivry

Lettre du 19 janvier 1939 à Louise Salonne

Centres sociaux   Le 19.1.39
Ivry-sur-Seine
207, rue de Paris

Ma bien chère Louise,

Ta lettre de temps de Noël m'a fait tout plein plaisir. Je suis en retard, comme d'habitude, avec toi. Mais, je suis actuellement dans mon lit avec grippe et ennuis cardiaques comme cela m'arrive souvent.

Je me doute de tout ce que ce réel Noël 38 a dû te porter de joie, tout ce que fêter cet anniversaire de ce vrai Vivant aimé a dû te donner de paix.

Et puis Noël a cette précieuse vertu de nous rappeler ce perpétuel Noël qui doit s'accomplir en nous si nous offrons fidèlement et jour par jour notre pauvre

« moi » à notre Seigneur pour qu'il y agrandisse son Lui. C'est le seul travail intéressant de la vie que ce prolongement de l'Incarnation dans nos vies.

Tu me demandes de ce que c'est que la Charité de Jésus ? C'est une toute petite chose. Ce n'est pas une congrégation. Nous désirons être et rester des « laïques », c'est-à-dire des gens tout pareils aux autres, sans vœux, sans costume, sans coutumes spéciales.

Nous n'avons qu'un seul but qui n'est pas un but d'*action* mais un but de *vie* : être à l'image de Jésus-Christ en vivant son évangile. Les unes gardent leur métier, les autres vivent au service d'une paroisse pour être les amies de tous. Toutes vivent en commun, 2 ou 3 ou 4 ensemble, une vie très pauvre, très ordinaire.

Tu vois que ce n'est rien de très reluisant ! Autrement dit que nous ne tenons pas à « faire quelque chose » mais à revivre Jésus. C'est tout. Nous voudrions recommencer les premières fraternités chrétiennes, sans plus de spécialisation.

Nous ne nous marions pas.

À ta disposition pour tout autre détail complémentaire.

Dis bien des choses à ta sœur de ma part.

Toi, je t'embrasse bien fraternellement et te suis fidèlement unie.

Madeleine

11 rue Raspail

Ivry

Lettre du 25 février 1939 à Louise Brunot

Centres sociaux
Ivry-sur-Seine
207 rue de Paris

Le 25 février 39

Mon cher petit Louis,

Que je voudrais vous envoyer par cette lettre beaucoup de force et beaucoup de joie. Je voudrais qu'aucune inquiétude ne demeure en vous à la suite des dernières décisions. Là où notre volonté n'est pour rien Dieu est tout entier et c'est une véritable communion à sa volonté – qui est amour – que nous pouvons faire.

Ne vous inquiétez pas du travail d'âme qui vous est confié c'est un travail comme un autre : tout petit dans notre apport à nous, immense du côté de Dieu, comme *tous* les actes de *tous* les chrétiens. C'est l'ordinaire chrétien que de poser des actes plus grands que le monde, mais de les poser en ne remuant qu'un grain de sable dans l'avalanche.

Mais ce petit grain de sable il faut qu'il soit mis en branle : il est uniquement amour de Dieu, c'est-à-dire accomplissement de sa volonté, qui est exclusivement amour des autres. « Si nous aimons nos frères l'amour de Dieu est parfait en nous » nous dit St Jean. Aimons-les humainement et surnaturellement et ne désespérons jamais d'eux.

Prions et vivons inlassablement pour eux en même

temps que pour nous, en même temps que pour le Christ puisque nous sommes tous ensemble, un seul.

Je serai bien avec vous lundi.

À vous bien fort.

Madeleine

Lettre de mars 1939 à Hélène Manuel

Mirette était le surnom donné par Madeleine à Hélène Manuel.

Actiphos et Hépatrol sont des noms de médicaments courants.

Les archives n'ont pas le début de cette lettre.

Centres sociaux
Ivry-sur-Seine
207 rue de Paris

[suite de lettre]   3.39

……………

Quelle difficile question que celle de l'action.

Rien ne manque quand on ne l'a pas.

Pourtant N. S. a agi, a envoyé ses Apôtres.

Mais comme la Ste Vierge a eu une action ordinaire, dans la vie.

On agit tout le temps : mais ce que l'on appelle « action » au fond n'est pas l'action mais les « œuvres » dans le sens général du mot.

Il me semble qu'*action* et *amour* doivent être chez le Chrétien synonymes mais *amour* et *volonté de Dieu* ne font qu'un et *volonté de Dieu* et *amour* fraternel ne font encore qu'un.

Au fond on revient à la vieille chanson : « je ne peux pas vivre sans amour »…sans agir. Et avec tout ça, si les circonstances ne vous éclairent pas d'une façon éblouissante allez donc choisir de faire ceci plutôt que cela.

Ma pauvre Mirette, je vous ai embarquée sans crier gare, dans une conversation qui allait je ne savais où…

C'est vraiment incroyablement facile d'être malade!

Ceci posé, je jubile de vous retrouver toutes, et vous ma chérie que je suis si ennuyée de savoir fatiguée. Vous devriez prendre quelque chose pour vous aider… Actiphos? Hépatrol? je ne sais quoi, mais les dents et vos charges demandent que vous récupériez des forces.

Tant que vous êtes à Ivry et au cas où vous n'y resteriez pas, vous devriez prendre quelque repos supplémentaire chez vos parents qui restent si peu cette année.

À ce propos il y a un point que je voulais signaler à M. l'Abbé, je n'en étais pas à une page de plus, c'est la nécessité de trouver le moyen d'une formation doctrinale *constante* et *méthodique.* Cela nous manque terriblement et ne devrait pourtant pas remplacer ses laïus.

Un autre petit détail auquel j'ai pensé ces temps-ci : je crois que ce serait mieux de renoncer à certaines petites singularités à table : mettre un couvert normal, comme tout le monde.

Au revoir, ma Mirette, je pense à vous bien fort aujourd'hui.

Je vous embrasse tout plein.

Reçu une bonne lettre de Mad. T. Elle ne me parle presque plus de prolong… et pour ses affaires à elle semble contente de son entrevue avec M. l'Abbé. Dites-le à ce dernier le cas échéant. Merci pour les souliers arrivés aujourd'hui.

Gen. (Ginette pour mon père) vous embrasse et vous fait dire que « vous avez bien de la chance d'avoir pris le train ».

Lettre du 1ᵉʳ mars 1939 à Christine de Boismarmin

Christine de Boismarmin à qui la lettre est adressée se trouve alors à Champigny-sur-Marne avec Louise Brunot. D'où l'expression : « mission campinoise ».

Centres sociaux

Ivry-sur-Seine

207 rue de Paris

Le 1-3-39

Ma bien chère Christine,

Parmi les pensées, nombreuses vous vous en doutez, qui vont vers la Seine, vous en recevez une part spéciale, puisque, à cause de moi la petite mission campinoise a été secouée.

J'espère que, malgré cela, vous *allez* bien.

C'est-à-dire – pour dire quelque chose puisque c'est en général pour cela qu'on écrit – c'est-à-dire que vous êtes toute vivante, toute *allante* au rendez-vous des minutes. Ayant pensé souvent à l'entretien que nous avons eu avec Hélène et vous, j'ai supposé que ce qui vous manquait, ce n'était peut-être pas tellement la générosité pour faire les choses, je ne suis pas certaine que vous en manquiez, mais la Foi, la Foi radicale qui nous donne la joie de les faire. J'ai pensé que vous manquiez de Joie parce que vous manquiez de Foi et que ce n'était pas une adaptation à telle ou telle situation extérieure qui était importante pour vous mais l'approfondissement opiniâtre de votre être spirituel et de son commerce d'amour, commerce vital avec Dieu. C'est beaucoup pour cela que je tenais à cette année écoulée sans vous poser de question, espérant que, en Dieu, vous prendriez de l'âge.

Au fond, le jour où nous serons sûrs que chaque minute nous donne au centre de nous-même la vie de la Sainte Trinité ; que chaque minute nous incorpore, nous enracine dans le corps mystique de Jésus Christ ; que chaque minute nous donne en proie au Saint-Esprit pour faire de nous ces aimants et ces aimés que doivent être les enfants de Dieu ; que la place où nous sommes a une importance infime pourvu que nous y soyons un peu d'amour, c'est-à-dire source de bien pour ce qui nous touche, ce jour-là nous serons dans une perpétuelle joie parce que dans une perpétuelle rencontre avec le Seigneur qui est nôtre. Excusez ces grands laïus. La clôture fournit peu de thèmes de correspondance.

Sautez ce qui vous ennuiera.

Je vous embrasse bien fort, Louise et vous.

Madeleine

Lettre du 3 mars 1939 à Louise Brunot

Centres sociaux
Ivry-sur-Seine
207 rue de Paris

Le 3-3-39

Mon cher Petit Louis,

Heureusement que j'ai par Hélène de vos nouvelles, sans cela je vous croirais sombrée dans la Marne. Je pense que vous avez bien reçu ma lettre ? Mais comme c'est votre tour, je récidive. Notre petite vie continue dans une exquise monotonie extérieure qui fait mieux réaliser le paysage immense de la foi. Le chapelet des petits faits minuscules de la journée n'est qu'un enchaînement de signes par lesquels on dit humainement oui à la volonté du Bon Dieu. Nous avons eu la grande joie d'apprendre ce matin que nous avions de nouveau un Saint-Père, « le Doux Christ de la Terre » disait Ste Catherine de Sienne. Depuis longtemps, mais peut-être jamais autant que ces temps-ci je n'ai trouvé que, pour juger de l'importance des choses et de nous-même, il faut se blottir aux pieds du Pape. Là chaque chose est à sa place et chacun a son véritable volume. Il faut la « tenir » cette place, indéfectiblement, c'est plus difficile que d'être de temps en temps un volumineux héros.

Savez-vous que N.-D. de Lourdes est seulement à 30 km d'ici ?

Je lui fais de longues causettes.

Elle a eu vraiment du goût la Ste Vierge de dire « Je suis l'Immaculée Conception » devant ces si blanches si pures montagnes.

Je vous confie tout particulièrement à elle pour qu'elle vous « prépare » à la venue toujours plus parfaite de son Fils en vous.

Je vous embrasse très fort et Christine aussi.

Madeleine

Dites à Chr. que j'ai fait sa Bernadette. Est-ce bien Ste Ber. Ste Geneviève Ste Thér. et Ste Cécile ?

Lettre du 10 mars 1939 à Hélène Manuel

Madeleine se trouve alors en convalescence.
Le Séminaire était une période de formation, sorte de noviciat pour la « Charité » dans les années 1933-1934. Clém. est une abréviation pour Clémentine.

Centres sociaux
Ivry-sur-Seine
207 rue de Paris

Le 10.3.39

Ma Chérie,

Bien reçu votre lettre ce matin. Vous ne m'avez pas dit qu'Andrée avait un peu de grippe. Nous n'avons pas besoin de chercher plus loin sa « sensibilisation » : ça va avec la grippe pour elle comme le cafard avec les règles pour d'autres!

Je comprends que M. l'Abbé trouve qu'il faille réflexion pour ma lettre. Pour Suzanne, je ne suis pas surprise, je le pressentais, tellement que ma lettre où je vous parlais d'elle cachetée, je m'en repentais presque trouvant que je vous incitais à la fermeté avec trop de hâte. Je crois que ce que je vous disais dans cette lettre serait peut-être à faire.

J'ai reçu une bonne lettre de Christine qui m'a fait très plaisir d'abord parce qu'elle semble en forme, ensuite parce qu'elle dit de vous des choses très gentilles, enfin parce que ça a l'air de marcher avec Louise.

Pour feu le Séminaire, j'avoue que l'idée de sa résurrection m'a fait le même effet que l'annonce de mon départ en convalescence.

J'ai beaucoup de mal à l'envisager objectivement, car je me vois immédiatement « maîtresse des novices », ce qui de tous les métiers est celui pour lequel j'ai le plus, naturellement, d'aversion. Mais le « naturellement » a si peu d'importance!

Je comprends parfaitement ce que vous voulez dire, mais il faudrait que ce Séminaire reste dans la vie et comme c'est difficile.

Je ne crois pas que le Don à l'Église soit fonction du Don à la Paroisse. Il peut y avoir une appartenance au Diocèse.

Je crois que l'action catholique telle qu'en a tant parlé Pie XI est aussi bien l'action des laïques dans des mouvements catholiques que l'action des catholiques dans les milieux laïques. Je reste convaincue que la spécialisation paroissiale, toute grande qu'elle soit, reste une spécialisation empêchant la Charité d'être simplement une fraternité catholique.

Quant au salaire paroissial je crois que si l'obéissance reste *entière* vis-à-vis du Curé pour ce qu'on fait seulement d'après ses ordres et si elle est seulement limitée quant au nombre de choses à accepter, il me semble que la dépendance sera très grande.

Mais, je suis toute prête à accepter d'autres points de vue.

Ma pauvre Mirette, je vais me faire l'effet d'un revenant. Ces 2 mois ½ ont creusé une véritable rupture avec l'avant et l'après.

Je me rangerais avec bien de la joie sous ta houlette si on voulait me le permettre.

J'ai écrit à maman pour lui déconseiller un repos seule. Ce sera je crois très mauvais pour elle.

Ici, à Pau, elle pourrait me voir, et encore pas facilement, une heure par jour, le reste du temps, je le crains elle s'ennuierait mortellement.

Je lui dis aussi qu'il vaudrait peut-être mieux que Clém. prenne un remontant.

Quant à maman, je lui préconise 15 jours de repos chez elle, dormant largement, interrompant catéchisme et secrétariat, étant sans obligation pendant 2 semaines. Je crois que ce serait mieux, mais n'étant pas sur place je suis bien en peine pour la conseiller…

Je continue à être très brillante.

Je me sens pleine de forme.

Lettre du 12 mars 1939 à Hélène Manuel

Les abréviations rendent parfois le texte difficile à interpréter. Marthe Sauvageot était membre des Équipes. Geneviève est probablement sa sœur, Marie-Geneviève Sauvageot, décédée en 1942 de la tuberculose.

Le « cas Champigny » évoque la difficulté qu'éprouvait alors Christine de Boismarmin, qui travaillait à Champigny, à se situer par rapport à la paroisse et particulièrement par rapport au curé.

Le 12. 3. 39

Ma chérie,

Il pleut et il fait froid. C'est les mains toutes gelées que je vous écris devant la fenêtre ouverte au grand large.

Pas de lettre de vous ce matin… j'attends à plus tard le compte rendu Sauvageot. J'éprouvais un malin plaisir à me représenter l'entrevue.

Reçu un mot de la famille Boisdon mère et fille signalant conversation avec vous.

Que vous agissez donc bien, ma chérie, et combien facilement je vous laisserais les guides!!

Vous me comprenez sans peine n'est-ce pas?

J'ai commencé ce matin une neuvaine à St Joseph pour qu'il nous aide à voir clair et à bien agir.

De plus, Melle G. nous a offert d'aller passer une

journée à Lourdes : j'y demanderai l'aide de « notre mère » avec insistance.

Je crois d'ailleurs que ce que nous avons à faire n'est pas bien difficile et pas du tout révolutionnaire. Je crois que c'est tout simplement un ajustement pratique.

Je prends au hasard dans vos notes la page « charité actuelle ».

– manque de temps :

je crois qu'à perte de temps et manque de courage on peut – souvenez-vous de la discussion sur la question où vous avez mis le « cas » Champigny en avant – [ajouter] la surcharge du travail donné.

– activités trop laïques :

pour les paroissiales : absolument d'accord.

– liberté d'interpréter voc.

me semble exacte.

Je ne crois pas nécessaire d'avoir « une marque » de famille.

Un christianisme plus rigoureux, la donation dans le célibat à la vocation chrétienne doit, il me semble, suffire.

Si nous n'avons rien à dire sur nous, mon Dieu, tant mieux.

Il n'est pas question que les non-paroissiales soient sous l'autorité du Curé, ce qui serait une ineptie.

Leur vie professionnelle relève de leur « patron » de quelque ordre qu'il soit. Quant à leur apostolat, je ne crois pas que ce soit dans une aide aux paroissiales qu'il faille le situer, mais dans leur milieu de travail :

je trouve par exemple tout à fait dans l'ordre l'activité syndicale d'A. S., ce syndicat étant un mouvement d'Action catholique dans le milieu Service Social.

Pour la charité non paroissiale ce n'est pas la vocation de telle ou telle fille que j'envisage. De même que vous faites très justement remarquer que, pour les paroissiales, c'est le **besoin** de la Paroisse qui doit passer avant les tendances de la Charité, de même, en regardant le monde où nous sommes il est impossible de ne pas sentir avec toute sa Foi le besoin qu'a ce monde de porter des chrétiens en lui. Les Paroisses ont dans notre monde actuel les bras coupés au coude : les non-paroissiales sont, à mon point de vue, les « avant-bras » de ces membres amputés.

D'accord avec vous pour l'impossibilité pratique de l'entr'aide et du service combinés. Vos objections pour le travail mi-temps ont beaucoup de poids.

Pour en revenir aux non-par., je suis absolument partisante des vies communes panachées par. et non.

Je vois le même salaire, la vie absolument identique. Les relations de famille sembl. Le même logis.

J'avoue que je ne crains pas que des adaptations pratiques telles que nous les envisageons changent la vocation primitive de la charité sinon pour pouvoir par certaines modifications être plus apte au bien de l'Église que, comme vous le dites, nous devons préférer à nos petites idées.

Mais, vous savez, sur tout cela, ma petite Hélène, je n'ai aucune certitude, c'est avec ma pauvre raison raisonnante que j'y pense devant Dieu, et si le contraire de ces idées m'était montré demain comme meilleur, je m'y rangerais bien volontiers. Pour l'instant je suis décidée à finir ce séjour dans l'attente et la prière.

Je suis allée au bout de ce que je pouvais penser.

À Dieu de jouer ou de faire jouer qui il voudra. Je le bénis de cette halte qui semble me mettre en main comme une nouvelle vie. Je me sens en ordre et dans l'ordre. Je suis heureuse d'être sur la terre, d'être dans l'Église… et d'y être avec vous toutes et avec chacune.

De 1931 à maintenant, il me semble avoir marché un long voyage avec des étapes réelles, des labyrinthes, des piétinements.

Dieu m'a donné une pause. Je la prends sans cérémonie. J'attends ensuite ma feuille de route.

Et il est arrivé pendant ce voyage que la petite sœur que vous étiez est devenue la « grande » avec qui on peut plus totalement partager la joie et la fatigue. Je crois que c'est normal de s'en réjouir : si c'est du sentiment c'est du bon vrai sentiment comme N. S. le comprend.

Pourtant je ne veux pas exagérer le lyrisme.

Il me reste une petite crainte que vous ne trouviez que je sombre dans le verbiage.

Après tout si vous le trouvez, dites-le moi… et je me convertirai !

Je vous annonce que je suis, d'après Geneviève, « sépia rosée ». Je me trouve, dans la glace que je consulte souvent sur ce chapitre, fraîche à souhait.

Je vous embrasse un nombre important de fois.

Votre vieille
Madeleine

Lettre du 17 mars 1939 à Hélène Manuel

L'abbé Regnault était le curé de Champigny-sur-Marne, à l'église Saint-Saturnin.

Le 17 mars 1939

Ma chérie,

Je reçois à l'instant votre longue lettre. Comme à l'habitude je vous réponds « à la file ».

Point de vue de la Charité : je suis **tout à fait** de votre avis : il faut que le travail laïque que certaines prennent soit pris **parce que** leur fournissant le milieu à l'action catholique [13].

Ex. : pour être un vrai syndiqué chrétien : il faut avoir un « emploi » réel. Pour être une vraie jociste il faut être une vraie ouvrière etc.

Je suis en plein accord avec vous.

D'ailleurs, l'Action Catholique ne se définit-elle pas : « la collaboration des laïques et de la hiérarchie en matière d'apostolat » ?

De même, naturellement, comme je vous le disais l'autre jour à propos du diocèse, celles qui seraient au service d'une « centrale » quelconque : fédération,

Service Social diocésain etc. Je crois que nous sommes parfaitement d'accord.

Le petit mot d'Andrée Voillot me rappelait ce que je lui avais proposé et que je n'avais pas oublié, de faire une neuvaine pour sa famille. Voulez-vous lui dire que c'est entendu.

Je ne lui écrirai pas avant de rentrer : je finis mon 3e tour : après, cela ne vaut plus la peine. Il faut lui dire, si les choses se gâtent – et elles se gâteront car ma dernière lettre, très gentille, ne sacrifiait pas à la sensibilité – qu'elle est ridicule avec ses questions de correspondance. Ou on ne lui écrit pas, ou on ne lui écrit pas assez, ou on ne lui écrit pas ce qu'elle veut.

Elle me dit que je ne lui écris pas de vraies lettres.

Je lui ai au contraire écrit sur des choses que je considère comme essentiel, le tout de la vie. Si c'est dans un style désagréable, je le regrette : j'essaie de ne pas être une femme de lettres quand j'en écris.

Pauvre abbé Regnault! Je suis bien heureuse que la retraite se soit bien annoncée.

À Lourdes j'ai passé une bien bonne journée.

Je pense que c'est la Ste Vierge qui a eu la gentillesse de me laisser comprendre – j'en avais vraiment besoin – combien le christianisme est une doctrine d'action.

Combien on ne peut pas se livrer à l'esprit du Christ et à l'anéantissement de soi-même, sans être voué à l'action. Anéantissement et vie, contemplation et action, tout cela à la fois est la vie du Christ en nous.

La Ste Vierge est loin d'avoir été une inactive, elle

a eu le plus grand travail que créature humaine puisse avoir : être la mère du Fils de Dieu.

Elle l'a suivi, elle l'a poussé à son premier miracle.

D'ailleurs sa réponse à l'Ange est très claire : « je suis la servante du Seigneur », et la servante ou le serviteur est un être d'action, celui qui accomplit non son action, mais celle de son maître. Et Dieu sait si l'Évangile est plein de cette image du Serviteur.

D'ailleurs amour et action sont synonymes. Aimer c'est vouloir effectivement du bien. Dieu nous met sur la terre pour aimer, pour vouloir le bien, pour le vouloir effectivement.

Tous les chrétiens, quelle que soit leur place, devraient être en état de charité, dans l'ordre familial, social, providentiel où ils se trouvent.

Mais pour d'une part compléter leurs infidélités sur ce plan de charité, d'autre part le manque d'esprit missionnaire de la part d'un plus grand nombre de baptisés qui ne vivent pas leur Baptême, il faut dans l'Église des volontaires de la charité.

Certains de ces volontaires – ordres religieux etc. – sont voués à telle lacune particulière, nous dans nos petites possibilités, nous sommes des « volontaires manœuvres », n'ayant ni le titre d'ouvrier qualifié, ni celui de fonctionnaires.

Il me semble que nous sommes vraiment faites pour un « service catholique » aussi « dépendant » de l'Église et aussi peu déterminé que le Service Social par rapport à la Société.

Des laïques bouchant les trous, entre les Paroisses et leurs ouailles ; des catholiques bouchant les trous là où on a besoin d'elles dans l'Action catholique.

Ce détachement, cet arrachement du milieu familial, normal, pour ces volontaires, ressort à chaque page dans l'Évangile. Je m'arrête car je ne tarirais pas sur ce chapitre tant je suis heureuse d'y voir clair.

Et tout cela, naturellement, ne change rien à la ligne ordinaire de la vie, à la soumission aux événements quotidiens. Être un être d'amour là où on est posé. Donner l'amour de la part de Dieu.

Mais, pour ces « volontaires » il faut les mêmes disciplines que celles de J.-C. : pureté complète, pauvreté, obéissance.

C'est notre participation volontaire à la croix. Intégrées au crucifié, nous ne pouvons pas ne pas « prendre notre croix chaque jour pour le suivre ».

Mais il est normal que cette participation volontaire ait pour réponse la souffrance donnée par Dieu car comme il y a de l'amour à remplacer, il y a aussi de la souffrance à remplacer.

Bref, tout est très simple.

L'Évangile est lumineux.

2 000 ans de réflexions compliquées sur lui le rendent quelquefois obscur. Il n'y a qu'une chose qui compte : la volonté de Dieu.

La volonté de Dieu est amour ; on l'aime seulement en aimant les autres. Les aimer c'est vouloir, c'est faire leur bien qui est, en définitive « qu'ils aiment leur prochain comme eux-mêmes pour l'amour de Dieu ». Les aimer, c'est travailler à l'amour.

D'ailleurs le Dieu qui « est amour » est aussi « acte pur ».

Vivre du Christ c'est devenir vie ; se livrer au St-Esprit c'est devenir action.

Cela ne veut pas dire qu'il faut s'agiter, mais que l'on *doit* tout l'amour possible dans les conditions de vie que nous donne la Providence.

Je suis à peu près sûre que vous aimerez tout cela, c'est pourquoi je vous l'écris.

Je suis désolée de ce drame tchécoslovaque.

Hitler fait une gaffe monumentale car il n'est même pas fidèle à son idéologie.

Une guerre contre lui aurait l'allure d'une croisade, cela vaudrait la peine d'y mourir.

Je vous embrasse à tout plein cœur.

Madeleine

Lettre du 20 avril 1939 à l'abbé Regnault, curé de Champigny-sur-Marne

L'abréviation OPMI désigne « l'Office de Protection Maternelle et Infantile ».
L'abbé Émile Regnault était curé de Saint-Saturnin de Champigny de 1936 à 1943.

Ivry, le 20 avril 1939

Monsieur le Curé,

Mademoiselle Brunot m'a transmis les projets que vous auriez désiré réaliser à Champigny en cas de guerre.

Je suis fixée depuis hier au soir sur nos affectations dans cette éventualité et je suis heureuse de vous en faire part sans plus tarder.

Nous avions, en septembre, comme Mademoiselle Manuel vous l'avait dit, opté pour des engagements à la Défense Passive. Monsieur l'abbé Lorenzo estimant, en effet, que les Paroisses ne pouvaient, en cas de guerre, prendre la responsabilité de notre entretien, il nous restait la possibilité de nous engager soit à la Croix-Rouge, soit à la Défense Passive. Nous avions choisi cette dernière préférant rester avec les populations civiles. On nous laissait d'ailleurs espérer que nous pourrions être affectées à nos communes habituelles. Ces engagements devaient être rétribués.

Il y a un mois on me prévenait qu'aucune assurance

n'était donnée à ce sujet. J'ai répondu immédiatement que c'était pour nous une cause forcée de désistement. On nous a alors proposé de prendre certaines d'entre nous comme assistantes sociales à l'Office de Protection maternelle et infantile dont la direction est la même que celle du Service Social de la Défense Passive. On grouperait autour de ces cinq rétribuées celles qui ne le seraient pas. Malgré les secteurs qui dans cette nouvelle solution étaient inconnus il nous semblait que nous devions accepter. C'est seulement hier que j'ai connu les postes qui nous étaient désignés : contre toute attente nous restons sur place.

Mademoiselle Brunot est affectée au secteur de Champigny, Mademoiselle de Boismarmin et elle pourront donc continuer à y résider.

Je suis désolée, Monsieur le Curé, de n'avoir pu vous donner qu'aujourd'hui ces précisions. J'ai voulu vous montrer par cette trop longue lettre les vicissitudes par lesquelles ces projets sont passés. Je me permets de vous demander le secret au sujet de nos emplois possibles à l'OPMI.

Croyez, Monsieur le Curé, à tout mon profond respect.

Lettre du 23 juin 1939 à l'abbé Plaquevent

Les situations personnelles un peu délicates décrites dans cette lettre nous ont conduits à retirer les noms.

Cette lettre est caractéristique des dépannages en tous genres que Madeleine est amenée à faire comme équipière et que sa fonction d'assistante sociale rendra encore plus fréquents.

Normale Sociale est le nom abrégé d'une École parisienne d'assistantes sociales (cf. la lettre du 25 mai 1938 au même correspondant).

23-6-39

L'Action sociale
d'Ivry-sur-Seine
207, rue de Paris

Monsieur l'Abbé.

Nous voici embarquées depuis une semaine dans une assez triste histoire.

Une fillette que nous connaissons, Paulette, 15 ans, en paraissant 10 à tous points de vue, a été placée comme petite domestique, chez une de nos amies. Dès son arrivée tout s'est mis à disparaître : objets et argent. L'enfant a tout avoué mais ment comme elle respire.

La famille est fort suspecte : la mère a eu cette petite avant de se marier.

Elle a épousé Monsieur A., veuf ayant déjà des

enfants – l'un est anormal – et ils ont eu d'autres enfants qui, maintenant, comptent à peu près seuls. Les parents ne disent pas vrai. Paulette a été négligée de a jusqu'à z.

Nous l'avons envoyée hier à une consultation pour avoir un avis médical. Je n'ai pas encore de réponse.

Pourriez-vous, le cas échéant, l'admettre au Bon Pasteur et plus tard, si vous le jugez bon, dans votre « foyer » ?

La mère consent en principe mais le point névralgique est l'argent. Ils gagnent bien leur vie mais ils veulent que Paulette se suffise. Pourriez-vous me dire par retour du courrier ce que vous pensez de la question ?

Si cela s'arrangeait Paulette partirait avec la petite Jeanne, pour qui nous cherchons une convoyeuse en ce moment, car ce sont de gros frais que d'aller à Pau et d'en revenir.

Mlle D. que j'avais pressentie pour vos enfants au retour de Pau m'avait dit qu'une de ses camarades de Normale Sociale serait très tentée par ce genre d'effort. Je lui ai donné votre adresse. S'est-elle mise en rapport avec vous ?

En vous assurant de mes prières je vous demande les vôtres, Monsieur l'Abbé, et si la Mère du Bon Pasteur est toujours là, je vous prie de partager avec elle mon très respectueux souvenir.

Madeleine Delbrêl
11 rue Raspail
Ivry

Lettre du 27 septembre 1939 à l'abbé Regnault, curé de Champigny-sur-Marne

Sur le manuscrit, cette lettre est notée par erreur comme adressée à l'abbé Plaquevent. Le destinataire est de toute évidence le curé de Champigny.

L'abréviation OPMES désigne « l'Office de Protection de la Maternité et de l'Enfance de la Seine ». Ce sigle et celui d'OPMI sont très fréquemment utilisés par Madeleine dans ses écrits techniques.

Ivry, le 27 septembre 1939

Monsieur le Curé,

Je reçois votre lettre et je lui réponds le plus nettement que je le puis.

1° Il n'est pas question pour Mademoiselle Brunot de Fontenay-aux-Roses mais de Fontenay-sous-Bois.

2° Quand je vous avais exposé il y a quelques mois nos projets pour le cas de guerre, je vous avais dit que Mademoiselle Brunot prendrait un poste à l'OPMES, qu'elle aurait vraisemblablement Champigny ce qui lui permettrait d'habiter avec Mademoiselle de Boismarmin et de conserver avec la paroisse des contacts d'amitié.

Des difficultés ont surgi pour son affectation à Champigny. Elles pouvaient être surmontées : mademoiselle Brunot a préféré – et je l'approuve – travailler dans une commune voisine, ce qui lui donne à

Champigny, durant ses heures libres, beaucoup plus d'indépendance.

3° Mademoiselle Brunot est partie pour une quinzaine de jours pour le Maine-et-Loire. La situation des départements-refuges est suffisamment tragique pour qu'il n'y ait pas à hésiter quand il est demandé d'y porter une aide temporaire et efficace. Des gens de toute la Seine s'y trouvent et notre place est aussi indiquée auprès d'eux que dans nos lieux d'action habituels.

4° Je me refuse à répondre aux questions que vous me posez sur mon rôle dans notre groupe : je ne les comprends pas ; je n'ai jamais eu conscience des interventions que vous me prêtez ; je n'estime pas que la guerre soit une circonstance courante et que les décisions qu'elle implique entrent dans le rythme de la vie courante.

5° La question matérielle a été en effet comme je vous l'avais dit à la racine de notre décision. Vous nous accusez d'avoir été imprévoyantes : l'assurance pour le cas de guerre serait coûteuse... et un peu sinistre : il n'aurait pas été de bon goût de l'imposer aux paroisses qui nous emploient.

6° Cette question matérielle n'existerait-elle pas que se poserait pour nous une autre question qui ne serait pas non plus, je crois, du ressort des curés dont nous dépendons : c'est la question du service national. Nous sommes à un moment où tout le monde en France, familles, congrégations, clergé, donne une part d'eux-mêmes au bien de tous. Nous ne regrettons pas d'avoir, par la formule que nous avons choisie, la possibilité de continuer une action il est vrai diminuée sur une population diminuée elle aussi, et de pouvoir, d'autre part, aider à la grande compassion de tout le pays.

7° Je suis très attristée, Monsieur le Curé, que la désillusion que nous vous causons aggrave pour vous la rudesse du front. Nous ne vous avons jamais dit que nous étions un groupe très bien! Nous faisons ce que nous pouvons en nous adaptant aux circonstances quelquefois dures : vous me faites sentir plus claire-ment que ce que nous avons pu et pouvons n'est que très peu de chose.

J'oubliais de vous dire que Mademoiselle de Bois-marmin ne peut remplacer Mademoiselle Brunot : elle n'est pas infirmière. Quant à faire rentrer Mademoiselle Brunot plus tôt, je crois que ce ne serait pas une bonne action. Partout, en ce moment, les groupes ont un corps réduit et une âme bien vivante : ils ne sont pas difficiles à conduire. Au contraire il y a des questions vitales qui dépendent momentanément de la présence des infirmières dans les départements-refuges.

Excusez, Monsieur le Curé, cette trop longue lettre. J'ai voulu qu'elle soit aussi claire que possible et je désire de tout mon cœur qu'elle dissipe les obscurités qui pourraient rester dans votre esprit.

Je vous prie de ne pas nous oublier auprès du Bon Dieu comme nous pensons très respectueusement à vous devant lui.

Lettre du 4 octobre 1939 à l'abbé Regnault, curé de Champigny-sur-Marne

Ivry le 4 octobre 1939

Monsieur le Curé,

Avant d'avoir reçu votre réponse à ma dernière lettre je crois de mon devoir de vous écrire ma façon de penser sur « la question Champigny ».

Je ne comprends pas qu'après ma lettre d'avril et la conversation qui l'a complétée vous ayez réservé à Mademoiselle Brunot un travail incompatible avec le service que vous saviez être le sien en temps de guerre. Je vous avais écrit, et je vous avais dit que le secteur qui lui était assigné lui permettait de *résider* à Champigny. Cela supposait qu'elle pouvait continuer à être un appui pour Mademoiselle de Boismarmin et garder un contact amical avec les gens de Champigny. Je ne vous ai *jamais* parlé d'un mi-temps à l'OPMES. Je vous ai dit en revanche que nous avions pris la détermination d'y travailler en ignorant les secteurs qui nous seraient assignés. Cela veut dire qu'enrôlées dans un service d'intérêt général nous devons nous attendre, en présence d'un besoin urgent, à partir là où on jugera que nous serons nécessaires : dans tel ou tel arrondissement de Paris ou dans tel coin de province. Je vous parle là des cinq d'entre nous qui ont contracté un engagement de cette sorte.

Nous laissons, en revanche, attachées aux paroisses,

d'autres d'entre nous. Mademoiselle de Boismarmin est celle que nous vous avions dit vous laisser. Permettez-moi de vous dire, Monsieur le Curé, que si j'ai partagé sur elle votre jugement, je le trouve, actuellement, très sévère. Le travail qu'elle fait à Champigny est du bon travail. Elle est depuis longtemps là-bas. Elle vient de vivre le début de la guerre avec toutes. La mentalité actuelle est très différente de la mentalité habituelle. Je crois impossible pour vous de connaître cette menta-lité : vous ne pouvez que l'inventer comme nous nous inventons la mentalité du front. Quitte à me faire dire par vous que je me mêle de ce qui ne me regarde pas il me paraît extrêmement dangereux de diriger de loin des gens que l'on ne connaît plus *à travers* une seule personne. C'est aussi diminuer volontairement le dynamisme d'un collaborateur que d'ignorer systéma-tiquement ce qu'il fait, et de le classer définitivement dans une catégorie de défauts catalogués incurables. Je ne vous cache pas que je trouve actuellement Made-moiselle de Boismarmin singulièrement désintéressée : elle est à tous, s'occupe de tous, sans avoir l'air de soupçonner que vous l'ignoriez aussi parfaitement.

Je vous demande, aujourd'hui, Monsieur le Curé, si vous acceptez de la garder oui ou non, comme auxi-liaire paroissiale, Mademoiselle Brunot restant auprès d'elle tant que son service sera dans la région mais risquant de partir à la première urgence grave. J'ai demandé, cette semaine, qu'elle ne reste pas en Maine-et-Loire définitivement, estimant qu'une autre pouvait la remplacer. Une autre circonstance peut surgir où on ne pourra pas refuser de la laisser partir.

Je crois, Monsieur le Curé, qu'en temps de paix nous considérons le curé de la paroisse comme notre chef. Il y a pourtant une part de la vie de notre groupe que nous ne pouvons aliéner. Quand nous avons décidé ce que nous ferions en cas de guerre, c'était au groupe de décider. Je vous souligne en passant ce que je vous avais dit en avril, c'est que les cinq en question étaient engagées à la Croix-Rouge. Si elles n'avaient pas pris un poste de service social officiel, il aurait été difficile de résilier ces engagements. Dans ce cas, celles qui restaient dans les paroisses auraient dû, en partie, travailler.

Je crois enfin devoir vous dire, Monsieur le Curé, que je pense recevoir de vous un refus pour la solution que je vous propose. Je vous demande de l'accepter non pour vous ni pour nous mais pour ceux de Champigny qu'un départ de ce genre scandaliserait dans le sens fort du mot. Il me semble que dans les temps que nous vivons, il ne faut pas croire tellement à l'adaptation naturelle de chacun à son travail. Vous êtes dans une équipe Z sans avoir jamais eu, je crois, des notions très claires sur les gaz. Mademoiselle de Boismarmin qui est infirmière Z fait le catéchisme à Champigny… Sur toute la France c'est ainsi pour qu'à chaque place il faut se croire de toutes ses forces, capable de la tenir.

Chaque soldat meurt, s'il doit mourir, pour le pays tout entier. Il est juste que, toute une armée se lève à l'arrière, dont chaque bonne volonté soit au service de toutes les familles sans distinction de tous les soldats. C'est un véritable égoïsme que de vouloir garder intacts les cadres complets d'un Ivry, d'un Champigny, quand il y a tout le front de l'arrière à assurer.

Je ne serais pas étonnée, Monsieur le Curé, que vous me répondiez une lettre qui ne sera plus un tir de barrage, mais une charge de tanks. Soyez sûr qu'elle ne me fâchera pas. Mais j'aurais cru ne pas faire ce que je devais si je ne vous avais pas donné le fond de ma pensée.

Croyez, Monsieur le Curé, malgré tout ce que vous pouvez mettre en doute, à mon profond respect et à mon réel dévouement en +.

Lettre du 11 octobre 1939 à Christine de Boismarmin

Le 11-10-39

Ma chère Christine,

J'essaie de vous envoyer un peu d'anti-cafard.

J'avoue que le « cas » est difficile car votre position extérieure est floue.

Ce qui n'est pas flou et qui est l'essentiel c'est votre âme.

En ce moment nos âmes sont les mobilisées de l'Église. « Heureux les doux car ils posséderont la terre. » C'est la terre qui est à posséder pour être donnée au

Seigneur. Notre tâche expresse, qui pour chacun d'entre nous revêt des modalités différentes, ne consiste, en fin de compte, qu'à nous livrer à corps et âmes perdus, à la charité du Christ. Le monde n'a besoin que de petits morceaux de charité, totalement charité. Ne pensez pas que dans cette période de flottement vous perdiez votre temps. Soyez un morceau d'amour là où vous êtes et vous serez pour la cause de Dieu, plus qu'une armée entière. Aspirez constamment Dieu en vous par l'imitation du Christ, le regard vers le Christ, la mortification dans le Christ. Quand l'obéissance tangible nous manque il nous reste toujours celle dont aucune autre ne nous dispense, l'obéissance au grand commandement « aimez-vous les uns les autres comme moi je vous ai aimés ». Se livrer à cet amour c'est incarner pour ainsi dire Dieu, c'est le mettre là où l'on est : dans son groupe, sa ville, son pays, l'Église.

C'est devenir une source extraordinaire d'énergie spirituelle apte à bouleverser les événements dans des proportions dont nous n'avons pas idée.

Cet amour a pour nom humain la douceur. « Apprenez de moi que je suis doux. »

Je suis *sûre* que sur cette douceur NS a beaucoup de choses à vous apprendre.

En marchant, en cuisinant, entre deux visites, le soir avant de vous endormir, frappez à la porte du cœur de Dieu pour en obtenir des leçons de douceur que seul son esprit peut nous faire comprendre et réaliser.

Demandez-lui de vous apprendre ce que c'est que

d'être doux à sa place exactement comme lui, parce que lui est en nous et que nous sommes des menteurs quand nous ne sommes pas bons à sa façon.

Qu'il vous apprenne à écouter les autres, à leur parler, à les regarder, avec ses oreilles, sa bouche, ses yeux, ce qui nous fait entrer dans son intimité à lui d'une façon étonnante.

Voilà votre travail. Si vous le faites, je vous promets que tout ira pour ceux auxquels vous êtes donnés et pour bien d'autres que vous ne connaissez pas. Bien à vous en Christ.

Madeleine

Lettre du 22 octobre 1939 à Mlle Nusso

On n'a guère de renseignements sur Mlle Nusso, à qui la lettre est adressée. Nous savons simplement qu'elle habitait Baugé, dans le Maine-et-Loire. Il s'agissait probablement d'une responsable d'un service social.

Mlle de Hurtado est une responsable importante de services sociaux sur la région parisienne au moment de la guerre.

Ivry le 22.10.39

Mademoiselle,

Je vous remercie de la lettre que j'ai reçue de vous. Mademoiselle Brunot ne dépend pas de moi pour son travail à Baugé. Je vous avoue que je ne le regrette pas car c'est un cas où le plus utile n'est pas facile à discerner.

Mademoiselle de Hurtado dont dépend Mlle Brunot m'a demandé ce que je pensais de la question. Je lui ai dit les inconvénients que je voyais à une prolongation de séjour en Maine-et-Loire. Elle a été d'avis d'un retour pour le 1er novembre.

C'est certainement elle qui a le plus une vue d'ensemble et je crois que le mieux est de se ranger à son avis. J'espère, Mademoiselle, que Baugé ne souffrira pas trop de ce départ. Si vous pouvez y travailler ce sera certainement un gros appoint dans ce sens.

Croyez, je vous prie, à toute ma sympathie qui quoique lointaine va tout droit au grand travail qui se fait par vous.

M. D.

Lettre du 2 novembre 1939 à l'abbé Regnault, curé de Champigny-sur-Marne

Le 2 nov. 1939

Monsieur le Curé,

Pour continuer à user de la méthode directe, je viens vous dire dès ce soir ce que j'ai appris ce matin : le maintien de Mlle Brunot en Maine-et-Loire sine die.

Je n'aurais certainement pas choisi cette solution, ni pour vous, ni pour nous, ni pour elle.

Les circonstances sont suffisamment impérieuses là-bas pour que nous nous inclinions devant elles. Il n'en reste pas moins que je réalise fort bien ce que cette décision, que nous subissons ensemble, a de pénible pour vous.

Nous allons prendre au plus tôt des mesures pour que Mlle de Boismarmin soit épaulée. Je pense que le mieux serait qu'elle vienne coucher à Ivry trois ou quatre soirs par semaine et puisse ainsi parler de ses projets, de ses difficultés, avec Mlle Manuel ou moi.

J'attends sans hâte, Monsieur le Curé, la lettre de vous que je devine et je vous assure de tout mon respect en N.S.

M. Delbrêl

Lettre du 18 décembre 1940 à Paulette Penchenier

Lettre de vœux adressée à Paulette Penchenier, membre des Équipes.

La désignation du célébrant de la messe de minuit comme « un Père du Père de Foucauld » surprend. Nous sommes en 1940 et les Petits Frères de Jésus ne sont pas fondés. S'agit-il simplement de quelqu'un dont l'apparence extérieure faisait penser au Père de Foucauld ou alors qui avait mené une vie proche de celle de l'ermite du Sahara ? Il paraît impossible de le préciser.

C'est la seule lettre de l'année 1940 dont disposent les archives.

Le 18.12.40

Ma bien chère Paulette,

Voici tous nos vœux de Noël et toute notre affection! Un petit paquet parti avant-hier vous apportera notre pensée d'une façon plus concrète.

Que faites-vous? Comment vivez-vous? Votre beau colis nous a fait bien plaisir mais il ne remplace pas vos nouvelles que nous aimerions avoir.

Ici tout va bien.

Nous préparons Noël : une veillée d'un « cran » plus « païenne » que l'an passé, mais en revanche, une Messe de Minuit dans la vieille chapelle du Plateau dite par un Père du Père de Foucauld et avec comme « public » les brebis égarées en route vers le bercail. Ayez, s'il vous plaît, une pensée pour elles et pour nous.

Bonne année, ma bien chère Paulette. Qu'elle vous apporte la paix que le Seigneur n'a jamais refusée aux gens de bonne volonté et qui est le plus grand des biens puisqu'elle nous fait enfants de Dieu.

Fidèlement,

Madeleine

Les archives ne possèdent pas de lettre de l'année 1941.

Notes

[1] Renseignements réunis par Agnès Spycket, de l'Association des Amis de Madeleine Delbrêl.

[2] Renseignement obtenu par Agnès Spycket sur place en janvier 2003.

[3] Cf. Christine de BOISMARMIN, *Madeleine Delbrêl Rues des villes chemins de Dieu,* Nouvelle Cité, Paris 1985, p. 32, ou nouvelle édition 2004, p. 40.

[4] Le texte de ce prospectus, sans doute envoyé à Madeleine, n'a pas été retrouvé.

[5] Voir le programme ci-contre p. 107.

[6] Nous avons ici reproduit ce texte tel qu'il a été transcrit par Madeleine Delbrêl dans cette lettre. Il n'est pas entièrement conforme au texte publié par la Bibliothèque de la Pléiade (P. CLAUDEL, *Œuvre poétique,* 1957, p. 502). Ce « Kyrie Eleison » est un extrait de *La Messe là-bas* (comme l'écrit Madeleine dans la lettre qui suit), œuvre composée à Rio de Janeiro en mai-décembre 1917.

[7] Madeleine a donc transcrit ces textes sur un feuillet à part. Comme ils n'étaient pas intégrés dans la lettre, nous avons choisi de ne pas les reproduire ici.

[8] Même remarque que pour le « Kyrie Eleison » : le texte transcrit par Madeleine comporte des différences par rapport au texte publié par la Bibliothèque de la Pléiade (P. CLAUDEL, *Œuvre poétique,* 1957, p. 510). C'est un autre extrait de *La Messe là-bas,* tiré d'« Offertoire » II.

[9] Ils sont lus par le père Bernard PITAUD dans son étude « La souffrance chez Madeleine Delbrêl », publiée dans *Madeleine*

Delbrêl connue et inconnue, livre du centenaire, Nouvelle Cité, Paris 2004.

[10] Pylore.

[11] François de Sales.

[12] Madeleine veut dire : placer son séjour à Lourdes dans la première quinzaine de juillet.

[13] Cet appel de note est de Madeleine elle-même. Elle ajoute à la fin de cette lettre le texte suivant : « Dans certains cas, l'affiliation à un mouvement spécialisé d'Action catholique n'est pas nécessaire : par exemple dans un petit pays où tout le monde se connaît, une fille qui travaille et qui au vu et au su de tous va à la messe tous les jours… etc. fait partie simplement de sa paroisse, paroisse qui pour les petites agglomérations est le résumé de toute l'Action catholique. »

LISTE DES LETTRES

INDEX DES NOMS PROPRES

336

338

340

TABLE DES MATIÈRES

DANS LA MÊME COLLECTION

La collection « **Spiritualité** » est la plus développée des collections des éditions Nouvelle Cité. On y trouve des écrits spirituels comme ceux de Charles de Foucauld, Madeleine Delbrêl, Mère Teresa ou Chiara Lubich, mais aussi des portraits et vies de grandes figures spirituelles, parmi lesquelles de nombreux saints : François de Sales, Ignace de Loyola, Alphonse de Liguori…

En voici la liste complète par ordre alphabétique de titres :

CET OUVRAGE
A ÉTÉ REPRODUIT
ET ACHEVÉ D'IMPRIMER
PAR L'IMPRIMERIE FLOCH
À MAYENNE EN MARS 2004
POUR LE COMPTE DES
ÉDITIONS NOUVELLE CITÉ
37, AVENUE DE LA MARNE
92120 MONTROUGE

ISBN 2-85313-457-1
N° d'impr. 59601.
D. L. : mars 2004.
(Imprimé en France)